우리 곁의 난민

일러두기

* 본문 71쪽, 82쪽, 105쪽, 131쪽, 166쪽, 225쪽, 252쪽에 사용한 그림은 난민지원단체인 (사)피난처에서 제공해 주신 김보미 님의 작품입니다.

* 본문 28쪽과 66쪽에 사용한 그림은 사회취약계층과 함께하는 사회적 경제 기업인 '가치모아(GACHIMORE)'에서 제공해 주신 난민들의 작품입니다.

* 책에 등장하는 인물 중 신상을 밝히는 것을 꺼려 하는 경우에는 가명을 썼습니다.

마이너리티
리포트★01

우리 곁의 난민

한국의 난민 여성 이야기

문경란 지음

서울연구원
The Seoul Institute

모든 사람은
박해를 피해 다른 나라에 피난처를 구하고
그곳에 망명할 권리가 있다

세계인권선언 14조

❖ 책머리에

『우리 곁의 난민-한국의 난민 여성 이야기』는 한국에 살고 있는 난민 여성들의 삶을 이야기로 엮은 책이다. 한국에 난민 심사를 신청한 사람의 숫자는 총 2만 명을 넘어섰다. 이 중 소수가 난민 지위를 획득하거나 난민 신청자 자격으로 우리 곁에 살고 있다. 이들 중 일부를 만나 대화하고 그 목소리를 라이프 스토리로 정리했다. 여성만을 선택한 것은 필자의 오랜 관심에서 연유한 것이지만, 난민 여성의 목소리를 통해 한국에서 경험하는 난민들의 삶의 속살을 보다 더 세밀하게 관찰하고 들을 수 있었기 때문이다.

난민 여성들의 이야기를 들을 때마다 느낀 것이지만 어느 누구도 처음부터 난민으로 살아가고자 자청한 사람은 없다. 누구든 살다 보면 예기치 않은 고난을 겪기도 하고 고통 때문에 아파하기도 한다. 이 책에서 만난 난민 여성들은 종교적 억압, 인종차별과 노동 착취, 할례, 전쟁, 가부장적 문화, 정치적 탄압

등 다양한 사유로 난민이 되었다. 그것은 예정되고 계획된 일이 아니라 어느 날 갑자기 고꾸라지듯 조국을 떠나게 된 사연이었다. 또한 그것은 개인적인 잘못 때문이 아니라 거대한 역사의 회오리 속에서 튀어나온 돌에 운 나쁘게 정수리를 맞은 것으로 비유할 수 있겠다.

책에 소개된 일곱 가지 이야기는 대표적인 난민 여성의 사례라 말할 수 없다. 또한 유형화시키기도 어렵다. 난민 여성을 만나는 것 자체가 쉽지 않아 난민지원단체들로부터 소개를 받았고 이 중 출신 국가와 난민이 된 사유 등을 고려해 가능한 다양하게 구성하려 했다. 책에 등장하는 난민 여성들은 가명을 썼다.

이야기를 듣고 책을 쓰는 과정은 힘들었다. 한 사람이 걸어온 삶의 굽이굽이를 되짚어 보면서 기억의 서랍 속에 빼곡히 담겨 있는 아픈 추억을 끄집어내는 것은 당사자에게는 물론이거니와 듣는 이의 가슴 또한 아프게 했다. 인터뷰를 하러 다니는 것도 쉽지 않았지만 이야기를 듣고 나면 고통스러워 온몸이 아프고, 심할 경우 잠을 이루지 못할 때도 있었다.

하지만 난민 여성들은 용기 있는 여성들이었다. 갑작스런 고난에도 불구하고 이들은 목숨을 걸고 국경을 넘었으며 이국땅에 겨우 살아남았지만 쉽게 좌절하지 않았다. 가능한 타인에게 의존하지 않고 자신의 힘으로 부지런히 일해 살아가고 있었으며 자녀에게 기대를 걸고 작은 희망이나마 발견하려 애쓰고 있었다.

이 책은 수많은 사람들의 도움으로 겨우 발간될 수 있었다. '마이너리티 리포트'를 처음 기획한 김수현 전 서울연구원장의 의지가 촉진제가 됐다. 필자가 서울연구원 초빙연구원이라는 낯선 이방인의 신분으로 책을 기획하고 집필하는 데는 백선혜 도시사회연구실장과 이혜림 연구원의 도움이 컸다. 특히 신경희 선임연구위원의 크고 작은 배려와 지지는 잊을 수가 없다.

여러 난민지원단체의 헌신적인 도움이 없었더라면 이 책은 출간되지 못했을 것이다. (사)피난처의 이호택 대표와 박지현 활동가, 에코팜므의 박진숙 대표, 세계인 인권연구소의 오병훈 소장, MAP의 이영아 대표와 조주연 활동가, 가치모아의 정지연 대표와 김경희 이사, 그리고 상담 전문가 선생님들께 깊이 머리 숙여 감사드린다. 열악한 환경 속에서도 헌신과 열정으로 난민들을 지원하고 함께하는 활동가들께는 깊은 연대의 인사를 보낸다.

난민인권센터의 김성인 사무국장, 양혜우 전 서울시 인권위원, 김지윤 활동가에게는 별도의 감사를 드리고 싶다. 세 분은 깊이 있는 자문과 함께 원고를 꼼꼼히 읽고 평을 해주셨다. 김 국장은 해외 연수 중에도 수고를 아끼지 않았으며, 양 위원은 수십 년간 이주인권운동과 난민운동을 통해 형성한 네트워크를 총 가동해 책 집필에 온갖 지원을 다해 주었다. 또한 인터뷰에 동행해 통역을 하고 결과를 정리해 준 김지윤 씨의 수고에 진심으로 고마운 마음을 전한다. 정성을 다해 편집을 맡아 주신 서울연구원의 전말숙 박사와 송도숙 선생께도 감사드린다.

추상적이고 막연한 이해는 소수자에 대한 편견과 선입견을 강화하기 쉽지만 구체적으로 만나 대화하고 속마음을 나누는 경험은 소수자를 '인간'으로 이해하는 데 큰 도움이 된다. 감정이입과 공감을 통해 타인의 삶을 이해하는 것은 동시에 내 삶의 진실을 발견하는 데도 도움이 될 것이다. 난민들은 타인의 동정이나 도움을 원하지 않았다. 자신들의 존엄성을 잃지 않고 당당하게 살고 싶어 했다. 사회적 인간인 사람이 존엄을 훼손당하지 않고 살아가려면 이웃의 환대와 연대가 필요하다. 이 책이 난민들의 삶을 이해하고 공감하며 함께 손잡고 나아가는 데 작은 도움이 되길 바랄 뿐이다.

2017년 5월

문경란

⊙ **마이너리티 리포트**

흔히 한 사회의 인권 상황은 차별받고 힘없는 소수자(minority)의 삶을 통해 가늠할 수 있다고 한다. '마이너리티 리포트'는 인권 소외 지대에 놓여 있는 소수자의 말에 귀 기울이고 그들의 삶을 이야기로 엮은 기획 시리즈이다. 소수자에 대한 정책 이행에 앞서 소수자의 삶에 관심을 갖고 구체적으로 알아보는 것이 중요하다. 알아야 이해하고, 공감해야 공존할 수 있기 때문이다.

'마이너리티 리포트' 시리즈는 총 6권으로 기획되었다. 난민 여성, 니트 청년(NEET·무직자 청년), 가난한 예술가, 아이돌 연습생, 특성화고 학생, 그리고 동대문의 네팔 공동체를 주제로 삼았다. 노인, 어린이, 노숙인, 양심적 병역 거부자와 같은 또 다른 소수자 그룹이 우리 사회에 존재하고 있지만 가급적 이제까지 다뤄지지 않은 소수자를 발굴하려 했다.

❖ 차례

2부 한국의 난민 여성 일곱 가지 이야기

난민을 대하는 한국인의 자세

아프리카 난민 모자母子와의 인연

개인적으로 난민 여성에 관심을 갖기 시작한 것은 약 10년 전쯤 아들을 통해서였다. 아들은 그때 고등학생이었는데 어느 자원봉사 기관으로부터 한 난민 청소년의 형 노릇을 해달라는 부탁을 받았다. 초등학교 3학년이던 그 소년의 이름은 마뉴엘. 아프리카의 코트디부아르에서 왔다.

마뉴엘은 본국에서 내전이 발생하면서 어느 날 갑자기 살던 나라를 탈출해야 했다. 외할아버지와 외삼촌이 총살당하고 순식간에 집안이 풍비박산되자 엄마 손에 끌려 본국을 떠난 것이다. 겨우 목숨을 보전한 모자는 인근 국가를 전전하다 한국인 목사의 도움으로 한국에 정착한 지 4년쯤 되었다고 했다. 그런데 마뉴엘이 학교에 들어가면서 인종차별과 놀림, 왕따 등을 당하자 툭하면 친구들과 싸우더니 급기야 학교를 빠지기 시작했다. 마뉴엘을 걱정하던 자원봉사 기관에서 아들에게 같이 놀아 주고 자신감도 북돋아 주라고 부탁해 온 것이다.

당시 마뉴엘의 집은 서울의 해방촌에 있었는데 조금만 걸어도 숨이 차는 가파른 언덕을 10분 이상 걸어야 했다. 달랑 방 한 칸짜리 살림집은 한눈에도 궁핍함이 보여 아들은 마뉴엘의 집에 다녀올 때마다 걱정을 많이 했다. 마뉴엘은 형이 생기자 신이 났다. 특히 축구를 같이 하자고 졸라 댔는데 알고 보니 친구들이 축구 경기에 끼여 주지 않아 상처가 컸던 모양이었다. 마뉴엘은 그 속상함을 날려 버리겠다는 듯이 비탈길에서 뻥뻥 공을 잘도 차댔다고 한다. 한국말을 꽤 잘했는데 욕 또한 수준급이었다. 건들건들 걷다가 괜히 발로 뭔가를 툭 차는가 하면, 보통 때도 가만히 있지 못하고 산만했다. 게다가 엄마 말은 지독히도 안 들었다.

나도 여러 차례 마뉴엘 집을 찾아가기도 하고 마뉴엘과 마뉴엘 엄마를 집으로 초대한 적도 있었다. 그런데 마뉴엘 엄마의 모국어가 불어이다 보니 의사소통이 힘들었다. 마뉴엘은 통역은커녕 엄마 말에 눈을 흘기고 짜증만 냈다. 마뉴엘 엄마는 그때마다 멋쩍게 웃을 뿐이었는데 자세히 보면 자괴감과 답답함을 느끼면서도 자존감을 지키고자 하는 표정이 역력했다.

그런데 마뉴엘 엄마를 만날수록 내 마음 한편에서 슬금슬금

갈등이 생기기 시작했다. 한국에 온 지 4년이 되었지만 마뉴엘 엄마의 한국어 실력은 형편없었다. 제대로 하는 한국말이 별로 없었다. 한국어를 배워 보자고 권하면 공부하는 곳이 멀어서 힘들다는 대답만 돌아와 힘이 빠졌다. 당시 마뉴엘 엄마는 레게머리 땋기로 생계를 이어 가고 있었는데 고정적으로 일할 곳을 찾아보자고 해도 별 반응이 없었다.

무엇보다 마뉴엘 엄마는 삶의 의욕이 없어 보였다. 독하게 마음먹어도 힘들 텐데 저래서 어쩌나 답답하고 안타까웠다. 차츰 마뉴엘 엄마를 만나기가 부담스러웠다. 그러다 시간이 흘러 아들이 군대에 가면서 마뉴엘과의 만남이 중단되었고 나 또한 바쁜 일상 속을 헤매느라 마뉴엘 가족과 연락이 끊어졌다.

그 뒤 『트라우마:가정폭력에서 정치적 테러까지』(허먼, 2007)라는 책을 읽는데 마뉴엘 엄마가 자꾸 생각났다. 책은 "전쟁, 국가폭력, 강간, 사고 등의 재난을 경험한 사람들은 자꾸만 과거의 경험이 생생하게 떠오르고 공포와 슬픔에 빠져 정상적인 삶을 살 수가 없다"고 가르쳐 줬다. 마뉴엘 엄마는 친정아버지와 오빠가 정적의 총에 맞아 비명도 지르지 못하고 숨지는 모습을 두 눈으로 똑똑히 목격했다. 본인은 소파 밑에 꼭꼭 숨어 겨우 목숨을 건질 수 있었지만 어린 마뉴엘이 혹시라도 거실로 뛰어들어 올까 봐 매우 가슴을 졸였다고 했다. 서툰 영어로 당시 상황을 설명하면서 마뉴엘 엄마는 부들부들 떨었다. 마음이 매우 아팠지만 나는 그때 마뉴엘 엄마가 치료받도록 기회를 마련해야 한다는 생각을 하지 못했다. 그 참혹한 트라우마를 치료하지 않고서는 삶의 에너지를 회복하기 힘들다는 것을 미처 깨닫지 못했다. 마뉴엘 엄마가 평소 왜 그렇게 무기력하고 삶의 의욕이 없었는지를 헤아리지 못했던 것이다.

연락은 두절되었지만 마뉴엘 모자에 대한 생각은 마음 한구석에 오랜 채기처럼 남아 있었던 것 같다. 그러던 차에 마뉴엘 엄마의 무기력함이 어디에서 연유한 것인지를 깨달으면서 또 다른 의문과 걱정이 꼬리에 꼬리를 물었다. 마뉴엘 엄마의 형편없던 한국어 실력도 무기력이나 게으름만의 문제가 아니라 좀 더 근원적인 원인이 있었던 것은 아닐까? 마뉴엘 엄마는 왜 좀 더 안정적인 직장을 구하려 하지 않았을까? 외로움과 고단함은 어떻게 견뎌 냈을까? 마뉴엘은 친구들로부터 따돌림당하지 않고 잘 성장했을까? 마뉴엘 엄마와 같은 난민들은 이 같은 문제를 어떤 통로를 통해 어떻게 표출할 수 있을까? 한국 사회는 마뉴엘 모자가 최소한의 인간적인 존엄성을 지키며 살 수 있도록 무엇을 해주었을까?

"한국에도 난민이 있어요?"

2015년 시리아 난민 문제가 전 세계적인 이슈로 떠오르면서 주변 사람들과 마뉴엘 모자 등 난민에 대한 이야기를 할 때가 더러 있었다. 대화를 하다 보면 한결같은 질문이 이어졌다. "어머나! 한국에도 난민이 있어요?" "난민들은 어느 나라에서 왔나요?" "한국에 사는 난민은 얼마나 돼요?" "도대체 본 적이 없는데 어디에서 살고 있나요?" 사람들은 대체로 난민을 강 건너 불과 같은 구경거리로 여겼지 한국 사회가 당면한 일이라고 생각하지 않았다. 한국 사회 곳곳에 난민들이 살고 있는 줄을 모르니 그럴 만했다.

간략하게나마 난민 여성들이 살아가는 모습을 전하면 반응은 두 갈래로 엇갈렸다. '이를 어째!'라는 표정을 지으며 어떻게라도 도와야 하는 게 아닌가 하는 태도를 보이는 경우도 있지만, 곧 조심스레 반론을 내놓는 경우도 많았다. "사는 게 힘들어서 내 한 몸 건사하기도 쉽지 않은데 난민까지 어떻게 돌보나요?" "안됐긴 하지만 난민이 마구 쏟아져 들어오면 우리 사회에 너무 부담이 되잖아요." 좀 더 나아가면 불안과 위험, 테러의 위협까지 들먹이면서 적대감마저 보이는 경우도 있었다.

난민을 대하는 태도가 나뉘는 것은 어찌 보면 자연스런 현상이다. 사람들은 낯선 이방인에 대해 연민과 인도주의적 태도를 보이면서도 다른 한편 경계심을 갖는다. 내 주변 반응은 전자가 많고 후자가 일부였는데, 미디어나 인터넷에서는 상황이 역전된다. 문제는 두 시각 사이의 균형이며 경계심이 이방인에 대한 비하와 차별, 혐오로 이어지지 말아야 한다는 점이다. 난민에 대한 인식이 취약한 한국에서는 난민도 모두 결혼 이주자나 이주 노동자로 취급되는데 이들에 대한 터무니없는 비방과 혐오, 낙인찍는 말들이 사이버 공간에서 넘쳐난다. 이주자 또는 난민이라는 이유 하나만으로 존재 자체를 불온하게 보거나 범죄자로 간주하는 경우도 허다하다.

그런데 이방인을 불온한 존재로 바라보는 시선의 이면에는 또 다른 인종주의가 작동하고 있다. 많은 사람들이 한국보다 잘사는 나라에서 온 이방인에 대해서는 지나칠 정도로 호의적이거나 존중하는 태도를 보이면서, 가난한 나라에서 온 이방인에 대해서는 터무니없는 모욕과 경멸적 태도를 서슴없이 내보이고 불온시한다. 무조건 반말을 하거나, 거리나 지하철 등에서 불쾌한 시선으로 힐끔힐끔 쳐다보거나, 심하면 욕설도 서슴지 않는다. 난민인권센터의 이사장을 지낸 홍세화 씨는 이를 두고 'GDP 인종주의'라고 명명했는데, 부인할 수 없는 한국의 부끄러운 자화상이다.

난민 문제는 주로 미디어를 통해 접한다. 그런데 미디어의 보도 태도는 냉탕과 온탕을 오간다. 한쪽에선 지나치게 난민의 빈곤과 고통만을 강조해 난민을 불쌍한 사람으로 조명한다. 다른 한쪽에선 한국을 난민들의 희망의 나라라고 과장하거나 한국 정부의 난민 정책을 턱없이 치켜세운다. 이러한 미디어의 보도를 통해서는 사람들의 편견과 선입견을 불식시키고 난민들의 삶을 이해하고 공감하는 데 한계가 있을 수밖에 없다.

알아야 사랑하고 공감한다

이 책은 한국에서 살고 있는 난민 여성들의 삶을 세밀하게 전달하려 한다. 나태주 시인은 〈풀꽃〉이란 시에서 "자세히 보아야 예쁘고 오래 보아야 사랑스럽다"고 했다. 난민의 삶도 그렇지 않을까? 자세히 보고 오래 보아야 선입견과 편견을 줄이고 이해하고 공감할 수 있을 것이다. 당사자의 입을 통해 듣는 것이 최선이라 생각해 여성 난민 10명을 만났고 일곱 가지 이야기로 정리했다.

전 세계 난민 인구 중 여성의 비율은 절반 정도(47퍼센트)이다(UNHCR, 2016). 한국 땅을 찾은 난민 신청자 중 여성 비율은 이보다 훨씬 적은 16퍼센트에 불과하다(송효진 외, 2016). 그럼에도 굳이 난민 여성만을 인터뷰 대상으로 선택한 이유는 우선, 여성의 삶을 통해 난민의 삶을 훨씬 구체적이고 총체적으로 볼 수 있다고 생각했기 때문이다. 활동 반경이 집과 직장을 크게 벗어나지 않는 난민 남성의 삶에 비해 여성들의 삶은 다채롭고 입체적이다. 대부분의 난민 여성들은 임금 노동과 돌봄 노동을 도맡아 하고 있어 한국에서 경험하는 삶의 속살을 보다 세밀하게 들여다볼 수 있었다. 인터뷰를 한 난민 여성들은 지역주민센터에서, 어린이집이나 학교에서, 시장에서, 또한 일터에서 겪은 크고 작은 일상의 애환을 자신만의 방식으로 잘 기억하고 있었고 드라마틱하게 얘기해 주었다.

난민 여성들이 겪는 차별과 억압이 이중적이고 중첩적이라는 점 또한 난민 여성들을 인터뷰 대상으로 삼은 또 하나의 이유이다. 여성주의자로서 여성의 삶과 억압에 관심을 쏟아 온

나에게 난민 여성은 결코 외면할 수 없는 주제였다. 난민이라는 사회적 정체성, 성, 인종, 종교 등의 교차성이 빚어낸 고된 삶과 다른 한편, 그 고통을 뚫고 수직 상승하는 삶의 에너지와 용기를 기록하는 일은 여성사herstory의 한 장이자 역사의 반쪽을 채우는 일이라고 생각한다. 여성의 눈을 통해 세상을 바라본다는 것은 삶의 소소한 부분을 다루는 것 이상의 의미를 지닌다. 이는 여성을 사회적 존재이자 삶의 주체로서 자리매김하고, 역사를 만들어 가는 동인이자 행위자로 의미를 부여하는 것이다.

난민 여성의 삶은 이야기story-telling로 정리했다. 사람은 누구나 자기만의 스토리를 갖고 있는 이야기꾼이다. 자신의 삶에서 어떤 일이 결정적인 역할을 했는가, 어느 시점이 삶의 굴곡에서 중요한 변곡점이 됐는가, 누구와의 만남이 인생행로를 좌우했는가 등을 반추하면서 자기 삶을 규정하고 미래를 열어 나간다. 난민 여성이 들려주는 이야기는 듣는 이의 감정이입과 공감력을 높이는 데 도움이 된다고 생각한다. 힘없고 부서지기 쉬운 삶과 역경 속에서도 한 인간을 지탱시키는 힘을 찾아내고 이해하는 데는 스토리텔링만큼 위력 있는 도구가 없다.

인터뷰에 응한 10명의 난민 여성 중에는 난민으로 인정받은 사람(3명)을 비롯해, 인도적 체류 지위를 받은 사람(4명)과 난민 신청 단계에 있는 여성(3명)도 포함됐다. 엄밀한 개념으로 따지면 인도적 체류자나 난민 신청자는 난민법상의 난민은 아니다. 하지만 한국의 난민인정율이 워낙 낮다 보니 한국에 사는 난민을 이해하기 위해서는 인도적 체류자나 난민 신청자를 포함시킬 필요가 있었다. 내가 만난 난민 여성 가운데 2명은 개별 스토리로 정리하지는 않았지만 일반적인 분석이나 참고 사례로 활용했다.

출신 국가를 따져 보니 동남아시아 4명, 중동 2명, 아프리카 3명, 동유럽 1명이다. 출신 지역을 가능한 골고루 배정하여 인터뷰 대상자를 선택했는데 신기하게도 난민의 사유와 한국에서의 체류 기간이 모두 달라 다양한 사례를 소개할 수 있었다. 난민 사유로는 인종차별(4명), 정치적 견해(3명), 종교적 박해(2명), 내전(2명), 가족 결합(2명) 등이었다. 또 현재 한국에서의 직업이나 활동 내용도 공장 노동자, 파트타임 노동자, 미용사, 시민단체 활동가, 가정주부 등 다양했다.

인터뷰는 공개하기를 꺼려 하는 한 가정만 빼고 모두 난민 여성이 살고 있는 집에서 진행되었다. 보통 4~5시간 정도 얘기를 나눴다. 인터뷰 중에 짜장면, 치킨, 피자 등을 주문해 같이 먹기도 했고, 어떤 경우 난민 여성이 직접 만든 고향 음식을 먹으며 이야기를 나누기도 했다. 친밀감을 더하는데 밥상을 함께 하는 것만큼 좋은 게 없다는 사실을 새삼 절감했다. 또한 인터뷰 대상 난민 여성과 평소 잘 알고 지내던 난민단체 활동가나 그 나라 출신 유학생 등이 자리를 함께했다. 덕분에 자연스런 분위기 속에서 많은 얘기를 나눌 수 있었으며 통역도 도움을 받았다. 이후 집필 과정에서 부족한 내용은 이메일이나 전화를 통해 보완했다.

10명의 인터뷰 대상자 중 한국말로 소통한 경우는 2명이었고, 불어와 아랍어 각각 1명, 나머지는 영어로 대화했다. 인간이 인간답게 살기 위해 보장받아야 할 인권 목록 중 '의사소통할 권리'라는 것이 있는데 인터뷰를 하면서 그것이 얼마나 소중한 권리인지를 새삼 깨달았다. 모국어를 사용할 수 없는 상황에 한국어마저 서툴다 보니 난민 여성들이 자신의 세밀한 감정을 표현하기란 힘들고 답답한 일이었다. 듣고 기록하는 사람도 힘들기는 마찬가지였다. 원활하지 못한 대화의 틈을 메우고 삶의 진실을 이해하기 위해 나는 더 몰입하고 때로는 사회학적 상상력을 한껏 발휘해야 했다. 한국인에게 낯선 생활 방식과 감정과 태도, 문화적 맥락 등을 이해하기 위해서는 깊숙한 감정 이입과 유연한 상상력이 필요했으며 경청하는 자세와 상대방에 대한 존중심을 잃지 않아야 했다. 쉽지 않은 일이었지만 결과적으로는 난민 여성의 삶에서 한걸음 더 나아가, 인간 사회의 빛과 어둠 같은 것을 느낄 수 있었다.

난민단체 또는 이주단체 활동가, 난민 전문가, 심리상담 전문가 10여 명과도 만나 자문을 구했는데 일반적인 현황을 파악하는 데 큰 도움이 됐다. 난민 여성을 인터뷰하기 전에는 난민단체 활동가들을 만나 인터뷰 대상 난민 여성의 입국 시기, 가족 관계 등과 같은 객관적인 정보를 최대한 수집하고 그들에 대해 많은 얘기를 들었다. 활동가들의 자문은 난민 여성의 삶의 애환이나 당면한 문제와 같은, 속 깊은 사정을 파악하는 데 큰 도움이 됐다. 사실 누구나 처음 만난 낯선 사람에게 일상의 어려움과 고통을 잘 내보이지는 않는다. 솔직하게 내보이면 무시당하거나 동정받기 십상이기 때문이다. 난민 여성들은 이 점을 잘 깨닫고 있는 듯했고 그래서 어떤 경우 얘기를 안 하거나 두루뭉술하게 넘어가려 했다. 인터뷰는 불가피하게 가슴 아픈 사연들을 끄집어낼 수밖에 없는데 어떤 경우 당사자들의 아물어 가는 상처를 뒤집는 것 같아 깊이 들어가기가 어려웠다. 이런 점에서도 오랫동안 난민 여성들을 지원하고 함께 생활해 온 활동가들의 얘기와 자문은 인터뷰의 한계를 보완하는 데 큰 도움이 됐다.

그 밖에도 특정 국가 난민들의 공동체를 방문하고, 그 공동체 전체가 마을 잔치처럼 벌이는 결혼식에도 가봤는데 문화적 체험은 물론이고, 난민들이 얼마나 우리 사회 깊숙이 들어와 함께 살고 있는지를 절감할 수 있는 기회가 됐다. 또한 난민 공동체에서 존경받는 남녀 리더도 만나 공동체와 난민 여성에 대한 의견도 들었다. 아울러 난민 영화제 참석이나 유엔난민기구 United Nations High Commissioner for Refugees; UNHCR 방문 등을 통해 난민에 대한 일반적인 이해를 더하려고 노력했다.

난민 여성들은 누구이며 한국에서 어떻게 살고 있을까? 어쩔 수 없이 고향에서 쫓겨난 이들에게는 무엇이 절실할까? 어느 나라도 책임지려 하지 않는 난민들의 인권은 어떻게 보장되고 지탱될 수 있을까? 그리고 우리는 어떻게 그들과 연결되어 삶의 기운을 서로 북돋을 수 있을까? 이 책에서 다루고자 하는 내용이자 문제의식이다.

1부

한국의 난민, 그리고 난민 여성

"권리가 없는 사람들the rightless의 비운은 그들이 생명, 자유, 행복추구 또는 법 앞의 평등과 의사표현의 자유를 박탈당한다는 것이 아니라, 그들이 더 이상 어떤 공동체에도 속하지 않는다는 것이다. 그들의 비극은 법 앞에서 평등하지 않다는 점이 아니라, 자기들을 위한 법이 아예 존재하지 않는다는 점에 있다."

— 한나 아렌트, 『전체주의의 기원』

1장

지구상의 단독자, 난민

현대는 난민의 시대

2015년 9월, 한 장의 사진이 세계를 울렸다. 빛깔도 선명한 붉은 티셔츠에 파란 반바지 차림의 한 아이. 잠자듯 조용히 해변에 엎드려 숨진 채 발견된 세 살배기 아일란 쿠르디의 모습이었다. 쿠르디 가족은 전쟁이 발발한 조국 시리아를 탈출한 뒤, 터키 항구에서 에게해를 건너 그리스의 한 섬으로 가려다 배가 뒤집히는 바람에 참상을 당했다. 아빠만 살고 엄마, 형과 함께 세 살배기 아이는 영문도 모른 채 세상을 떠났다. 충격에 빠진 세계는 말을 잇지 못했지만 소셜 미디어SNS를 통해 사진이 급속히 퍼져 나가면서 슬픔과 애도와 분노와 안타까움과 반성의 목소리가 물결쳤다. "쿠르디의 침묵하는 몸이 지르는 비

© 연합뉴스

2015년 9월 2일, 터키 구조대원이 해변에 떠내려 온 아일란 쿠르디의 시신 현장을 조사하고 있다.

명"*이 전쟁의 비극과 그로 인해 삶의 터전이 뿌리 뽑힌 사람들의 참상을 통렬히 느끼게 해주었던 것이다.

우리는 쿠르디와 그 가족과 같은 사람을 '난민'이라 부른다. 불과 2~3년 전만 해도 낯설었던 이 단어는 난민 문제가 국제적으로 핫뉴스가 되면서 익숙한 말이 되었다. 난민은 전쟁이나 정치적 박해, 천재지변 등과 같은 여러 이유로 자기가 살던 곳에서 쫓겨난 사람, 한마디로 삶의 터전이 뿌리 뽑힌 사람들을 말한다. 전 세계 난민을 보호하고 난민 문제를 해결해 온 유엔난민기구에 따르면 2015년 말 현재 전 세계의 난민 인구는 6,530만 명에 달한다(UNHCR, 2016). 이 중 자국의 영토 내에서 피신 중인 국내 실향민이 4,080만 명, 본국을 떠나 다른 나라를 떠도는 난민이 2,130만 명, 난민 신청 결과를 기다리는 사람들이 320만 명에 이른다. 한국 인구보다도 1,400만 명 정도 많으며 영국 또는 프랑스 인구와 흡사한 규모다. 만약 난민만으로 구성된 국가를 만든다면 세계에서 스물한 번째로 큰 국가가 될 정도라니 그 규모가 놀랄 만하다. 인구 비율로 따져 보면 세계 인구 113명당 1명이 난민인 셈이며, 1분에 24명이 집을 잃고 난민이 되는 것이다.

---

* 아일란 쿠르디의 마지막 모습을 보도해 지구촌을 울린 터키의 사진기자 닐류페르 데미르(Nilufer Demir)는 "충격적이고 슬펐지만 사진을 찍는 것이 '쿠르디의 침묵하는 몸이 지르는 비명'을 표현할 유일한 방법이었다"고 말했다. "꼬마 난민의 '소리 없는 비명' 세상에 알린 29세 여기자", 연합뉴스, 2015.09.05.

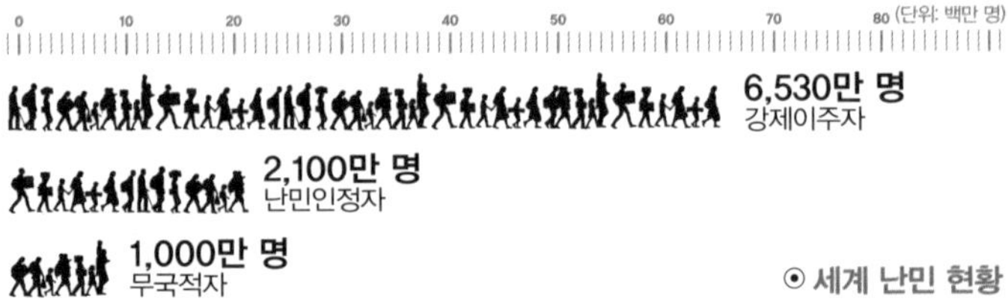

⊙ 세계 난민 현황

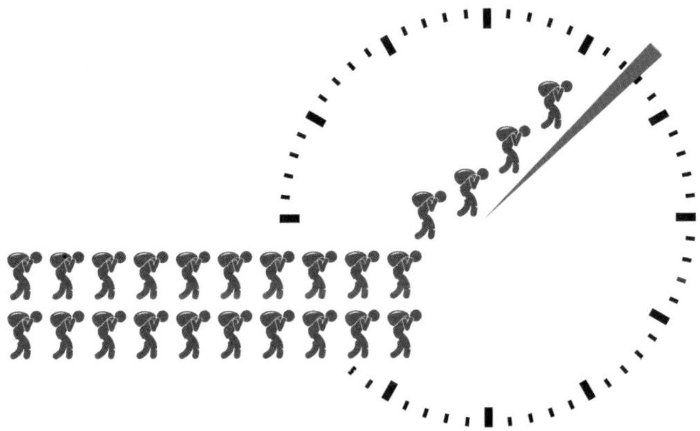

⊙ 전 세계에서 1분에 24명이 집을 잃고 난민이 된다.

⊙ 전 세계 인구 113명당 1명이 난민이다.

출처: 2015년 기준, 유엔난민기구.

난민은 인류 역사에서 언제나 있어 왔다고 해도 과언이 아니다. 전쟁이나 자연재해, 정치적 핍박 때문에 삶의 터전에서 쫓겨나는 일은 역사상 흔히 있는 일이었기 때문이다. 멀리 보면 헤롯왕의 박해를 피해 아버지 요셉과 어머니 마리아의 품에 안겨 베들레헴을 떠나 이집트로 피신했던 갓난아기 예수도 난민이었으며, 모세를 따라 이집트를 탈출해 젖과 꿀이 흐르는 가나안 땅으로 갔던 히브리 민족도 난민이었다. 근대에 들어서는 종교나 정치적 신념을 이유로 박해를 받은 유럽인들이 삶의 터전을 떠나 신대륙이나 유럽 내에서 인근 국가로 이주하여 살았다. 청교도들이 종교의 자유를 찾아 아메리카 대륙으로 이주한 것이나, 토마스 홉스와 칼 마르크스가 각각 프랑스와 영국·벨기에 등으로 피난처를 구해 떠난 것도 그런 사례라 할 수 있다.

하지만 난민 문제가 국제적인 문제로 다뤄지기 시작한 것은 20세기 이후부터다. 러시아 볼셰비키 혁명과 내전으로 150만 명의 난민이 러시아를 떠났고, 제2차 세계대전 당시 유대인 박해와 전쟁으로 약 250만 명의 난민이 독일을 등지고 세계 각지로 흩어졌다. 전쟁이 끝나고 국제기구가 중심이 되어 이 같은 난민들의 본국 귀환 문제 등을 다루면서부터 난민은 본격적인 국제적 이슈로 등장했다. 또한 전후에는 1948년 팔레스타인 전쟁과 1975년 베트남 패망 후 보트피플로 유출된 난민이 대량 생겨났다. 최근 들어서는 시리아·아프가니스탄·소말리아·남수단 등에서 수백만에서 1,000만 명에 이르는 난민이 고통

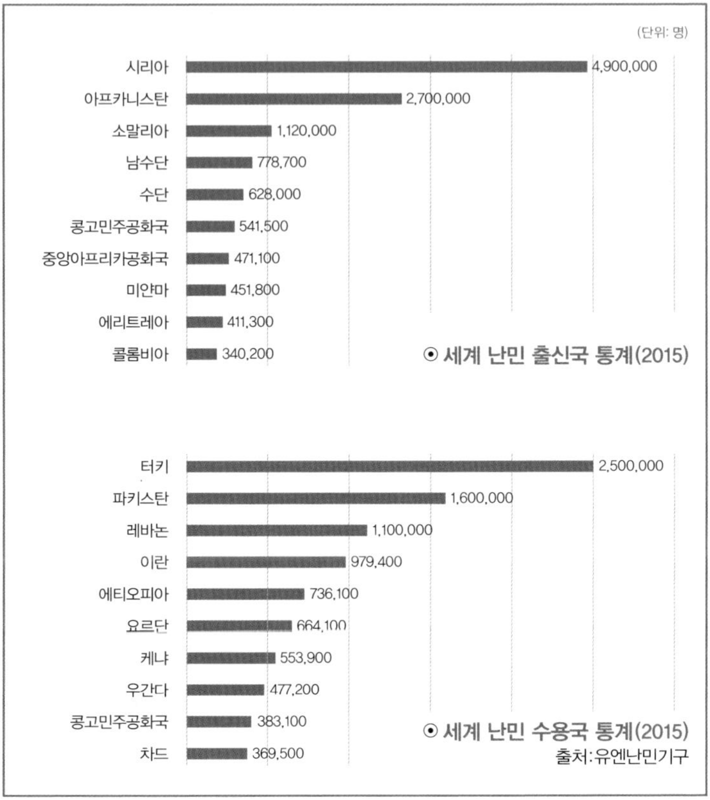

을 겪고 있다. 가히 현대는 '난민의 시대'라 할 수 있다.

유엔 설립 이후 최초로 도움받은 '한국 난민'

한국도 난민 문제와 무관할 수 없다. 우선 가까운 우리 역사 속에서 쉽게 난민을 찾을 수 있다. 바로 한국 전쟁으로 인한 피난민이다. 한국 전쟁의 발발로 600만 명이 넘는 피난민이 포화를 피해 피난길에 올랐다. 이처럼 국경을 넘지는 않았지만 거주지를 탈출할 수밖에 없는 사람들을 국내 실향민이라 부르는데 유엔난민기구는 이들 또한 난민으로 분류한다. 전쟁이 터지자 사람들은 봇짐을 이고 지고 아이들의 손을 붙잡은 채 목숨을 유지할 수 있는 곳을 찾아 피난을 갔다.

유엔은 유엔한국재건단을 설립해 긴급 구호와 원조를 제공했다. 집이 없는 피난민을 위해 집을 지어 주고 공부도 가르쳤다. 이는 유엔이 설립된 뒤 처음으로 실시한 난민 구호 활동이었다. 놀라운 사실은 한국 전쟁 당시 한국을 도왔던 나라 중에는 덴마크, 스웨덴, 이탈리아 같은 유럽 선진국뿐만 아니라 미얀마, 라이베리아, 이라크, 스리랑카, 그리고 현재 내전으로 가장 큰 고통을 겪고 있는 시리아 같은 나라도 있다는 사실이다. 이들 나라는 의료 및 물자 지원을 비롯해 전후 복구에도 힘을 보탰다. 한국 전쟁고아 2명은 시리아에 입양되어 가기도 했다.* 불과 60여 년 전 이들 나라에 의지했던 나라가 바로 '한국'이다.

한국을 찾아온 세계의 난민들

죽음의 고비를 넘긴 절박한 난민들이 한국에 도움을 요청하

* 1953년 세계보건기구(WHO) 직원으로 한국에 근무하던 시리아인 의사 파살아르드 박사가 당시 여섯 살 된 전쟁고아 한국 소녀 2명을 시리아로 입양해 간다. 그 중 1명은 1974년 당시 쿠웨이트 주재 한국통상대표부에서 총영사의 비서로 근무했다. "아랍의 세계를 가다⑧ : 한국 한국인 한국의 얼", 동아일보, 1974.05.21.

며 찾아오기 시작한 것은 1970년대 중반 무렵부터다. 월남 패망 이후 쏟아져 나온 베트남 출신 보트피플이었다. 하지만 안타깝게도 1975년 이후 한국을 찾아온 베트남 보트피플 중 정착이 허용된 경우는 단 1명도 없다. 한국 정부는 2,300여 명의 보트피플을 모두 제3국으로 출국시켰다. 베트남 전쟁으로 적지 않은 경제적 이득을 보았지만 베트남인들에게 철저히 문을 닫음으로써 한국 정부는 국제적으로 유래를 찾기 힘들 정도로 인색하다는 비난을 받았다(정인섭, 2011).

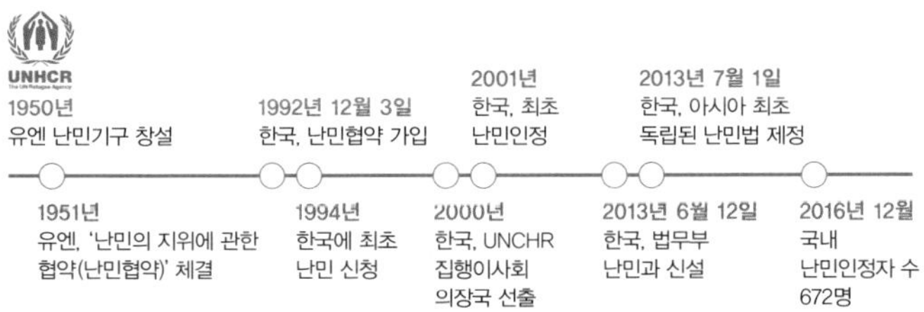

⦿ 한국 난민 관련 역사

최근 들어 한국은 전 세계 난민들이 새로운 삶의 터전으로 삼고 싶어 찾아오는 나라가 됐다. 한국이 난민인정 신청을 받기 시작한 때는 1994년부터인데 이때부터 2016년 말까지 난민인정을 신청한 사람은 모두 2만 2,792명이다.* 1994년 총 5명

* 출입국·외국인정책본부에서 발표한 2016 난민관련통계 참고.

이던 신청자 수는 10년 동안 연간 100명이 되지 못했지만 이후 꾸준히 증가해 2011년부터 한 해 1,000명을 넘어서기 시작했다. 주목할 만한 사실은 2013~2015년에는 난민인정 신청자 수가 매년 두 배씩 증가하고 있다는 점이다. 특히 2016년 한 해 신청자 수는 지난 22년간 난민인정 신청자 전체 수의 3분의 1이 넘는 7,542명에 달했다. 난민 신청자가 급증한 가장 큰 요인은 전 세계적으로 난민 수가 급격하게 증가함에 있다. 다른 한편으로는 2013년 아시아에서 처음으로 난민법이 시행되면서 한국이 국제적으로 주목을 받기 시작했기 때문이다. 여기에 88올림픽이나 월드컵대회 개최, 한류의 영향 등으로 한국이 널리 알려진 것도 주요하게 작용한 것으로 보인다.

하지만 한국을 찾아오는 난민들의 절박한 심정과는 달리 한국은 난민인정에 관대한 나라가 아니다. 아니, 매우 인색한 나

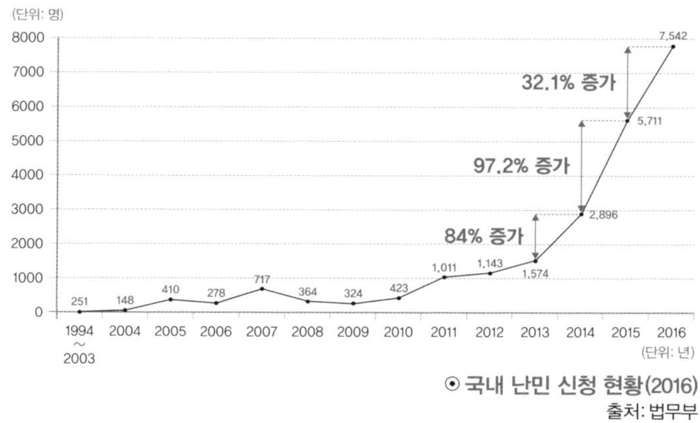

⊙ **국내 난민 신청 현황(2016)**
출처: 법무부

라다. 한국은 1992년 난민협약에 가입하고 2년 뒤인 1994년부터 난민인정 신청을 받기 시작했다. 그로부터 8년이나 지난 뒤인 2001년 최초로 단 1명의 난민을 인정했다. 이후 2016년 말까지 난민인정자는 총 672명으로 전체 신청자의 3퍼센트*에 불과하다. 이는 2015년 말 난민인정률 3.8퍼센트보다도 낮아진 비율이며, 전 세계 난민인정률인 38퍼센트에 한참이나 미치지 못한다. 한국은 난민 신청자들에게 여전히 철옹성과 같은 곳이다.

이와는 별개로 1,156명에게 난민 지위에 준하는 인도적 지위humanitarian status가 허용되었다. 인도적 체류자는 난민인정자가 갖는 권리는 보장받지 못하지만 합법적으로 체류할 수 있는 자격을 갖는다. 인도적 지위는 폭력이나 국내 소요, 대규모 인권 침해·또는 공공질서를 심각하게 해치는 상황 등이 발생해 국적국으로 돌아가는 것이 위험한 사람에게 적용된다(UNHCR, 1989). 인도적 체류자는 매년 20~40명에 불과했으나 2014년부터 시리아 난민들에게 일괄적으로 인도적 지위를 부여하면서 급증했다. 그러나 2015년 파리 테러 이후부터는 시리아 난민에게 입국조차 허용하지 않고 공항의 송환대기실에서 머물게 하는 사례도 있어 인권유린 시비를 낳고 있는 실정이다.

---

* 인정률은 전체 신청자 중 철회와 취소 건수를 빼고 계산했다.

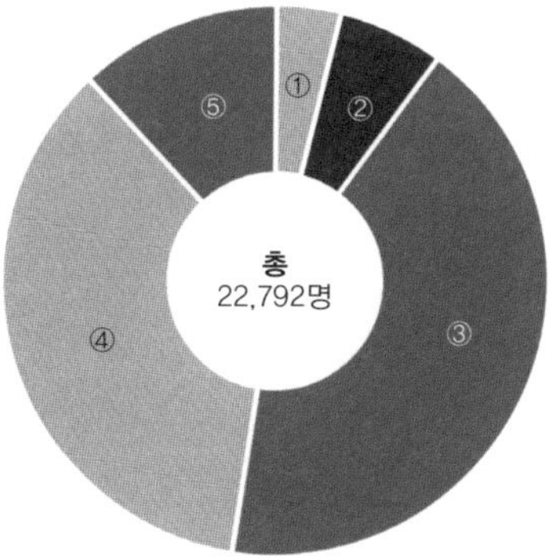

① **인정** 672명(3.0%)
② **인도적 지위** 1,156명(5.1%)
③ **불허** 11,565명(50.7%)
④ **심사 진행 중** 6,861명(30.1%)
⑤ **철회 및 취소** 2,538명(11.1%)

⊙ 국내 난민인정 현황(1994~2016)

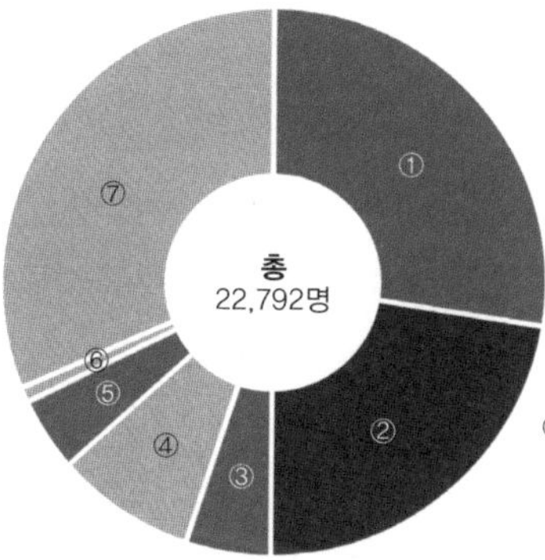

① **정치적 의견** 5,522명(24.2%)
② **종교** 5,278명(23.2%)
③ **인종** 1,405명(6.2%)
④ **특정사회집단 구성** 2,509명(11.0%)
⑤ **가족결합** 976명(4.3%)
⑥ **국적** 56명(0.2%)
⑦ **기타** 7,046명(30.9%)

⊙ 국내 난민 신청 사유별 현황(1994~2016)

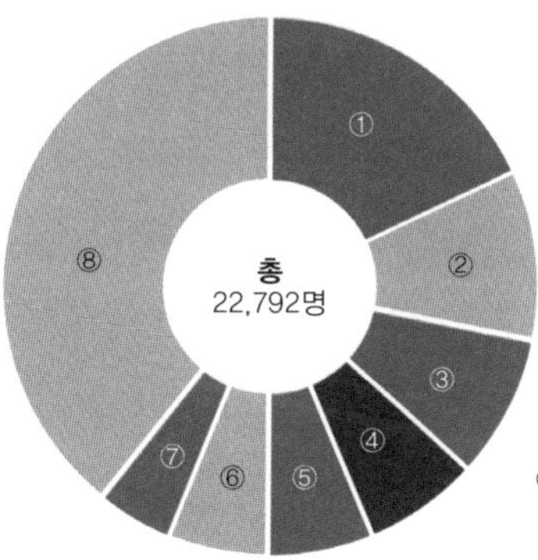

① **파키스탄** 3,601명(15.8%)
② **이집트** 2,503명(11.0%)
③ **중국** 2,226명(9.8%)
④ **나이지리아** 1,345명(5.9%)
⑤ **시리아** 1,223명(5.4%)
⑥ **네팔** 1,067명(4.6%)
⑦ **방글라데시** 1,072명(4.7%)
⑧ **기타** 9,755명(42.8%)

⊙ 국내 난민 출신 국가별 현황(1994~2016)
출처: 법무부

엄격한 난민협약상의 난민 개념

여기서 난민에 대한 개념을 한번 정리할 필요가 있다. 최근 들어 주거 난민, 청년 난민, 취업 난민, 희망 난민 등과 같이 '난민'이란 말이 유행어처럼 사용되고 있다. 인간다운 삶을 살지 못하거나 인도적 지원이 필요한 경우에 사용되는 듯하다.

국제적으로 통용되는 난민의 개념은 1951년 유엔이 정한 난민협약Convention relating to the Status of Refugees에 나오는 정의에 따른다. 각 국은 이 개념에 따라 난민인정 업무를 이행하는데, 일반적으로 사용되는 뜻보다 훨씬 엄격하고 제한적이다.

> (난민이란) 1951년 1월 1일 이전에 발생한 사건의 결과로서, 또한 인종, 종교, 국적, 특정사회집단의 구성원 신분 또는 정치적 의견을 이유로 박해를 받을 우려가 있다는 충분한 이유(근거)가 있는 공포 때문에 국적국 밖에 있으면서 국적국의 보호를 받을 수 없거나 또는 그러한 공포로 인하여 국적국의 보호를 받는 것을 원하지 아니하는 자, 또는 종전의 상주국 밖에 있는 무국적자로서 상주국으로 돌아갈 수 없거나 또는 그러한 공포 때문에 종전의 상주국으로 돌아가는 것을 원하지 아니하는 자. - 난민협약 제1장 제1조 '난민'이라는 용어의 정의 A-(2).

간략하게 정리하자면 이렇다.

난민이란

첫째, 자신의 국적인 나라 바깥에 있을 것.

둘째, 박해를 받을 우려가 있을 것.

셋째, 그러한 우려는 충분한 근거가 있을 것.

넷째, 박해의 사유는 인종, 국적(또는 민족), 종교, 특정사회집단 구성원 신분, 정치적 견해로 한정됨.

다섯째, 국적국의 보호를 받지 못할 것.

더 간략하게 얘기한다면 "자기 나라에서 박해를 받는데 국가가 이를 보호해 주지 않아 다른 나라에 가서 보호를 요청해 받아들여진 사람"이라는 뜻이다.

여기서 난민 개념과 관련해 알아 둘 용어가 하나 더 있다. 난민 신청자(혹은 비호 신청자)asylum seeker라는 용어인데 이는 난민으로 인정받기 위해 비호를 요청한 사람이라는 뜻이다. 사전적 의미로 비호庇護, asylum는 편들어서 감싸 주고 보호한다는 뜻으로 통상 자국 영역 내에 있는 난민에게 국가가 부여하는 총체적 보호를 일컫는 말이다(유엔난민기구·국제의회연맹, 2001). 매스컴을 통해 국경선을 넘는 사람들이나 난민 캠프에 머무르는 사람들을 보게 되는데, 정확히 말하면 이들이 비호 신청자들이다. 일반적으로 난민refugee과 난민 신청자asylum seeker를 통틀어서 난민이라고 하는데 이 글에서는 명확히 구분하려고 했지만 일부 혼용해서 사용하기도 했다.

다시 난민 개념으로 돌아가, 난민협약이 이처럼 난민을 협소하게 정의한 이유를 알아보자. 난민협약은 1951년 이전 유럽에서 발생한 난민 문제를 처리하겠다는 목적이 분명했다. 유엔은 제2차 세계대전 당시 나치를 피해 유럽 전역을 떠돌던 사람들과 공산국가에 반대해 탈출한 난민들을 보호하고자 했다. 난민이 더 이상 발생하지 않으리라는 낙관적 전망과 더불어 앞으로 생겨날 수 있는 난민의 수를 최소화함으로써 서구 국가들이 스스로의 부담을 최소화하려는 의도가 반영된 것이었다(최원근, 2009).

그러나 1950~1960년대 아프리카에서 식민지 시대 이후 내전과 전쟁으로 난민이 대량 발생하자 시간적·지리적 제한이 곧바로 문제가 됐다. 1967년 만들어진 난민의정서는 난민의 정의에서 시간적·지리적 제한을 없앰으로써 보편적인 난민의 기준을 제시했다.

하지만 난민협약에 나오는 이 같은 기준에도 불구하고 나라마다 난민인정 과정에서 적용하는 잣대는 저마다 다르다. 각국의 사회·경제적 상황, 국가 간 외교 관계, 국제 사회에서의 위상 등이 작용할 뿐만 아니라(송영훈, 2016), 더 밑바탕에는 수용국의 난민에 대한 관심과 이해, 공감 정도가 영향을 준다고 볼 수 있다.

1948년 세계인권선언이 제정될 당시만 해도 난민들이 피난처를 구할 권리는 누구나 인정하는 인권이었다. 세계인권선언은 제14조에서 "모든 사람은 박해를 피해 다른 나라에 피난처를 구하고 그곳에 망명할 권리가 있다"고 명시했다. 하지만 난민을 심사하는 국가가 이 권리를 판단할 권한을 갖게 되면서 난민의 권리는 허망하게 무너졌다.

난민협약은 박해를 받은 사람이 자신의 나라를 떠날 때 국제사회의 인도적 책임과 보호가 필요하다고 인정했다. 이에 따라 국제 사회는 난민에 대해 비교적 신속하고 관대하게 대응해 왔다. 하지만 전 세계적으로 난민 수가 폭발적으로 늘어나면서 난민에 대한 태도는 급변하고 있다. 난민 수용에 따른 경제적·사회적 비용의 부담, 국가 안보, 그리고 난민 제도를 체류의 연장 수단으로 사용하려는 시도 등이 생겨나면서 각국은 입국 허가 규범을 강화하거나, 국경의 문을 닫아걸고 아예 입국 자체를 제한하기도 한다. 아일란 쿠르디의 참혹한 죽음 이후 독일의 앙겔라 메르켈 총리 등이 앞장서 문을 열었지만 여전히 난민에 대한 전 세계적인 기조는 냉혹하다.

현실적으로 난민 업무를 담당하는 국가기관의 의식은 난민의 보호보다는 통제에 기초하고 있다 해도 과언이 아니다. 2015년 파리 테러 사태 이후 난민에 대한 악감정이 증폭되면서 통제는 더욱 강화되었다. 한국 또한 난민 보호보다는 국가안보와 치안 유지적 시각에서 난민 정책을 이행하고 있다고 볼 수 있다. 법무부 출입국관리사무소가 난민인정 업무를 맡고 있는 이유도 바로 그런 입장을 반영한 것이라 하겠다.

박해를 받는 자, 난민

난민협약이 난민의 개념에 대한 보편적 기준을 제시하고 있지만 이를 어떻게 해석하느냐에 따라 난민인정 범위는 상당히 달라진다. 우선 난민인정에서 핵심 개념은 박해persecution이다. 박해를 받지 않은 난민은 없다. 개인적 편의 때문에 나라를 떠난 사람을 두고 난민이라고 말하지는 않는다. 난민협약은 박해의 개념을 별도로 정의하지 않아 분분한 해석을 낳고 있다.

좁게는 '생명 및 신체 자유에 대한 위협'을 박해로 본다. 반면 보다 폭넓게 해석하는 입장에서는 '인간의 존엄과 가치를 심각하게 훼손하는 행위'로 간주하는데 생명을 위협할 정도가 아닌, 정신적 고통이나 경제적 박탈과 같은 경우도 박해에 해당된다. 후자의 입장에서는 인도적 성격이 강한 난민 문제의 본질과 국제인권법 및 헌법의 기본 정신을 감안할 때 난민에게 기본적인 권리와 자유의 광범위한 행사를 최대한 보장해 주는 방향으로 해석되는 것이 타당하다(주진열, 2011). 박해를 폭넓게 해석할 경우 난민으로 인정할 확률이 높아짐은 물론이다. 한국의 대법원 또한 박해의 의미를 "생명 또는 자유에 대한 위협을 비롯하여 인간의 본질적 존엄성에 대한 중대한 침해나 차별을 야기하는 행위"로 폭넓게 규정하고 있다.* 하지만 실제 난민인정 업무에서 이 같은 기준이 적용되고 있는지는 의문이다.

---

* 대법원 2008.07.24. 선고 2007두3930 판결.

전쟁 난민과 기후 난민

난민협약은 인종, 종교, 국적, 특정사회집단의 구성원, 정치적 의견이라는 다섯 가지 원인에 의해 발생한 박해만을 난민으로 인정한다. 이 중 '특정사회집단의 구성원'의 범위에 대해서는 논란의 여지가 많다. 일반적으로 성gender, 성적 지향sexual orientation, 가족 또는 혈연관계, 사회적 계급 또는 신분 등이 포함된다. 여성이 가부장적 악습이나 통념 때문에 가혹한 처우를 받거나, 동성애 때문에 박해를 받거나, 아버지나 삼촌과 같은 가족의 대표로부터 정치적·종교적 신념을 강요받거나, 인도의 신분 계급에 따라 차별을 받는 경우 등이 해당된다.

그러나 시간이 흐르면서 국제 사회는 내전이나 외국의 침략, 종족 간 분쟁과 경제적 파탄, 자연재해나 기근, 폭력과 인권침해 등 여러 이유로 엄청 많은 사람들이 삶의 터전을 빼앗기고 내몰리는 상황에 직면하고 있다. 난민 개념의 수정이 불가피한 것이다.

전쟁과 기후변화가 대표적인 예라 할 수 있다. 전쟁이 일어나면 난민이 생길 것은 불 보듯 뻔한 일이다. 총구를 피해 도망가는 민간인이 없는 전쟁은 없다. 사실 전쟁은 난민을 가장 대량으로 발생시키는 원인이지만 난민협약상으로는 난민 발생 사유에 포함되어 있지 않다. 이 때문에 유엔난민기구는 2015년 '사실상prima facie 난민 지위'에 관한 지침을 발표하고, 어느 누가 봐도 문제가 되는 상황이 발생한다면 해당국 출신의 난민 신청자는 무조건 난민으로 인정해야 한다는 지침을 내놓았다. 이 지침에 따라 유럽에서는 2015년 시리아 난민의 95퍼센트를 인정했다.*

지구온난화와 이로 인한 기후변화 때문에 발생하는 기후 난민도 지구촌이 새롭게 직면한 문제다. 태평양의 투발루는 9개 섬 중 2개가 이미 바다 아래로 가라앉았고, 몰디브나 키리바시 같은 44개의 섬나라도 수몰될 위기에 처해 있다. 유엔 산하 정부 간 기후변화위원회(IPCC)는 방글라데시에서 해수면 상승으로 2050년까지 국토의 17퍼센트가 침수되고 약 2,000만 명의 기후 난민이 발생할 것이라고 경고했다. 환경 재앙을 피해 나라를 버려야 하는 기후 난민을 어떻게 수용할지는 전 세계에 던져진 새로운 숙제다.

난민협약 이후 국제 사회는 시대적 변화에 따라 발생하는 난민 문제에 대응하기 위해 난민의 개념을 추가해 왔다. 1969년 아프리카연합기구OAU 협약은 "만연한 폭력과 사회 불안 또는 전쟁의 공포로부터 탈출한 자는 박해에 대한 공포 여부와 상관없이 난민 지위를 신청할 권한을 갖는다"고 규정했다.

또한 1984년 콜롬비아 카르타헤나에서 채택된 카르타헤나 난민선언The Cartagena Declaration on Refugees은 난민협약상에서 인

* UNHCR, '사실상 난민 지위'에 관한 지침, http://www.unhcr.org/558a62299.htm.

정하는 난민 외에 "일반화된 폭력, 외부 침략, 국내 소요, 대량의 인권침해 또는 공공질서를 심각하게 해치는 기타 상황으로 인하여 자신의 생명, 안전이나 자유가 위협받아" 자국을 탈출한 사람을 포함할 것을 권고했다.

1990년대 이후에는 '자신의 국적국 외부에 있어야 한다'는 난민의 기준도 바뀌고 있다. 원래 국민의 인권 보호는 모든 국가의 가장 기본적인 의무다. 국가가 국민을 박해하거나, 아니면 박해받은 국민을 잘 보호하지 못하거나 보호할 능력이 없을 때, 국민은 결국 삶의 터전을 떠나게 된다. 하지만 난민 요건을 다 갖추었으나 국경을 넘지 못한 사람들도 많다. 오랜 내전을 겪고 있는 시리아의 경우 경제적 여력이 있는 사람들은 생명과 안전을 찾아 외국으로 탈출했지만, 빈곤 계층은 국경도 넘지 못한 채 생명의 위협과 불안 속에 놓여 있다. 이 경우 국제적 보호가 필요함은 물론이다.

유엔난민기구는 난민과 비슷한 처지에 있지만 자신의 국적국에 남아 있는 사람들을 '국내 실향민'이라 분류하고 협약상의 난민과 국내 실향민을 합쳐 '강제 이재민Forcibly Displaced Persons'이라 명명하고 있다. 유엔난민기구가 추산한 전 세계 6,530만여 명의 난민 중에 약 3분의 1이 협약상의 난민이고 나머지는 국내 실향민이다.

인권의 보호 주체가 없는 사람, 난민

난민은 자기 권리를 보호해 줄 의무의 주체가 없는 사람이다. 국민의 자유를 보장하고 복지의 증진과 보장을 책임질 의무자는 국가다. 그런데 난민은 국가로부터의 보호는커녕 박해를 받아 다른 나라에 가서 보호를 요청해야 하는 처지에 있는 사람이다. 조국이 더 이상 조국이 아닌 셈이어서 국가로부터 어떠한 보호나 권리 보장을 바랄 수가 없다. 반면 난민을 받아들이는 나라에서는 우선적으로 자국민을 보호하기 위해 난민에게 빗장을 걸어 잠그고 국경에 철조망을 친다. 난민협약에 따른 심사 기준도 지나치게 엄격하게 적용한다. 난민은 어느 국가도 '국민'이라고 말하지 않는 사람이다.

그러다 보니 난민은 인권의 주체가 되지 못하고 인도주의적 관용과 호의에 기댈 수밖에 없다. 난민의 현재는 불안하며 미래는 불확실하다. 자국의 위태로운 상황과 탈출 및 이주 과정, 그리고 거주 과정에서 난민은 폭력과 공포, 상실이라는 비극을 맛본다. 말도 통하지 않고 이웃과의 사회적 관계망도 단절된 채 하루하루 생계를 걱정해야 한다. 난민인권센터가 2010년 난민의 심리 상태를 조사한 바에 따르면 조사 대상자의 3분의 1이 공포불안, 대인예민성, 강박증, 불안 등의 외상 후 스트레스 장애를 앓고 있는 것으로 나타났다(난민인권센터, 2010). 유대인으로서 난민이 되어야 했던 한나 아렌트Hannah Arendt는 "구출돼도 자존심이 상하고 도움을 받아도 굴욕감을 느낀다"고 토로한 바 있다.

난민으로 받아들여져 새로운 사회에 정착한다 해도 난민들은 차별과 폭력과 혐오에 시달리기도 한다. 이방인에 대한 경계심, 기여하는 바도 없이 무상으로 자원을 축내며 얹혀산다는 부정적인 인식, 안전을 위협하는 위험한 존재로 간주되어 적대감에 시달리고, 심한 경우 난민들의 안전이 위협을 받기도 한다.

강제로 쫓겨나지 않을 권리

국가 없는 국민인 난민에게 난민협약은 첫 번째 권리로 '강제송환금지non-refoulement'를 보장하고 있다. 자신의 나라에서 살 수 없어 탈출한 난민들에게 가장 두려운 것은 강제로 본국으로 쫓겨나는 것이다. 강제로 되돌려 보내질 경우 당사자의 생명과 안전이 심각하게 위협을 받을 수 있기 때문이다. 강제송환금지는 난민으로 인정받은 사람뿐만 아니라 난민 신청자에게도 보장되는 권리로서 난민협약에 가입하지 않은 국가도 준수해야 하는 강행 규정이다.

"체약국은 어떠한 방법으로도 인종, 종교, 국적, 특정사회집단의 구성원 신분 또는 정치적 의견을 이유로 그 생명 또는 자유가 위협받을 우려가 있는 영역의 국경으로 추방하거나 송환하여서는 아니 된다." - 난민협약 제33조 1항.

하지만 이 조항 자체도 각종 편법에 의해 지켜지지 않는 경우가 있다. 예컨대 작은 보트에 몸을 싣고 탈출한 난민을 해변에서 되돌려 보내 아예 나라 안으로 들어오지 못하게 하거나, 전쟁 피난민을 국경선에서 막거나, 아니면 난민 신청 가능성이 있는 사람에게는 비자 자체를 발급하지 않는 경우 등이다.

난민에게 보장되는 권리 중에는 가족 구성원이 재결합할 수 있도록 수단과 편의를 제공받을 권리가 있다. 이를 가족결합 원칙principle of the unity of the family이라 한다. 이에 따라 가족 중 1명이 난민지위를 인정받으면 배우자나 미성년 자녀도 동일한 지위를 자동적으로 얻을 수 있다. 본국에서 박해를 받게 되면 온 가족이 일시에 탈출하지 못하는 경우가 많다. 하지만 가족은 영영 헤어져 살기를 원치 않는다. 세계인권선언 제16조 3항은 "가정은 사회의 자연적이며 기초적인 구성단위이며, 사회와 국가의 보호를 받을 권리를 가진다"고 명시함으로써 가족 단위로 보호받을 권리를 보장하고 있다.

사회적 지원이 취약한 난민에게는 가족 공동체의 지지와 돌봄이 더욱 중요하다. 신체적 돌봄뿐 아니라 정서적 지지와 경제적 자구력을 높이는 데도 가족 결합은 중요한 의미를 갖는다.

난초 같고 담쟁이 같은 존재

2016년 7월 서울의 한 미술관에서 '난민을 위한 건축적 제안'이라는 흥미로운 제목의 전시회가 열렸다. 그중 '난초難草,

식물난민'이라는 제목의 전시가 특히 나의 눈길을 끌었다. 그 전시에서는 전시장 주변의 아스팔트 바닥을 뚫고 자라난 잡초의 지도를 실제 위치대로 그리고 그 이름 하나하나를 일일이 호명했다. 괭이밥, 강아지풀, 큰땅빈대, 달개비, 깨풀, 개갓냉이, 민들레, 바랭이, 뽀리뱅이, 우산이끼, 쇠비름…. 재미있고 신기해서 소리 내어 입으로 불러 보고 싶었던 난초들의 이름이 무려 서른 가지나 됐다. 작가는 어깨동무하고 뻗어 나가는 이들의 존재를 고층빌딩 아래 아스팔트 틈 사이에서 발견하고 전시의 의미를 이렇게 설명했다.

> 도시화에 밀려난 풀들은 바람에 자신의 척후를 보냈지만 생사는 확인되지 않는다. 이제 어디고 그들을 환대할 땅은 존재하지 않는다. 길 떠난 척후는 난민이 되었고 도시에서 사라졌다. 그렇다. 눈길 닿는 곳에 그들은 없다. 우리가 난민을 애써 찾아보지 않듯 난초에 눈길을 줄 까닭은 없다. 여기 도시, 갈라진 아스팔트 틈, 이빨 빠진 보도블록 사이, 옹벽의 벌어진 틈, 잘 가꾸어진 화단의 응달에 그들은 뿌리를 내렸고 아무도 환대하지 않지만 꽃을 피웠다.

작가는 난초에서 난민을 떠올렸던 모양인데 매우 적절하고 공감이 가는 비유라고 생각한다. 난초와 같은 난민들에게는 모든 상황이 벽이다. 국경이라는 철통같은 장벽이 있고 언어적·

문화적 차이라는 보이지 않는 유리벽이 있다. 아니 철옹성이란 말이 더 적절할지 모르겠다. 우리는 아시아 최초의 난민법을 제정한 국가라고 국제 사회에 자랑하지만 이 땅의 난민들은 거대한 벽 앞에서 눈앞이 캄캄해지는 좌절감과 불안을 느꼈을 것이다. 그래도 그들은 이 땅 어딘가에서 작은 틈새를 발견하고 그 틈을 비집고 들어가 어렵사리 뿌리를 내리고 결국은 각자 꽃을 피우며 산다. 그 꽃이 너무 작고 왜소해서 우리 눈에 잘 띄지 않을 뿐, 꽃 하나하나는 모두 아름답고 귀하다. 귀하지 않은 생명이 없듯이 말이다.

자신의 삶을 타인에게 맡긴 채 좌지우지되고 싶어 하는 사람은 없다. 어쩔 수 없이 다른 나라에 도움을 요청하지만 난민들 또한 누군가에게 의존하지 않고 스스로 두 발로 서고 싶어 한다. 그것은 독일의 철학자 페터 비에리Peter Bieri가 언급했듯이 "우리 삶 내면 깊숙한 곳에 있는 나침반과 같은 것(비에리, 2014)"이다. 차별과 혐오에 직면해 무력감을 느끼고 존엄성이 훼손되는 경험을 하지만 그래도 난민들은 담쟁이처럼 "말없이 그 벽을 오르고, 좌절을 딛고 전진하는 삶(도종환, 2012)"을 살고 싶어 한다. 고향 땅을 등지고 나서기란 웬만한 용기 없이는 불가능하다. 죽음의 여정을 뚫고 삶의 새로운 가능성을 찾기까지 그들이 겪었을 극한의 인내와 도전은 상상조차 힘들다. 난민들은 용감한 사람들이다.

2장

난민과 여성,
이중의 굴곡

난민 여성의 한국살이

이제 다시 마뉴엘 엄마를 비롯한 난민 여성들이 처해 있는 현실에 대해 좀 더 알아보자. 박해와 이로 인한 트라우마, 그리고 이를 제대로 치료하지 못해서 생긴 무기력과 우울증 등은 정도의 차이만 있을 뿐 대부분의 난민 여성들에게서 나타나는 공통적인 현상이다. 마뉴엘 엄마의 경우는 삶에 대한 의욕을 느끼지 못하고 현실의 고통스런 늪에 빠져 잘 헤어나지 못했다. 더 심한 경우는 충동조절과 분노조절 장애를 겪기도 하고 이는 자녀에게로 대물림되어 나타나기도 한다.

난민 여성들은 대체로 한국말을 잘하지 못했다. 한국에 10년 이상 체류한 경우도 그랬다. 한국어 공부를 열심히 하지 그랬냐고 조심스레 말하면 대체로 비슷한 대답이 돌아왔다. 한국어를 배울 수 있는 곳이 멀어서 시간이 많이 걸리고 교통비도 큰 부담이 된다는 것이었다. 난민들에게만 한국어를 가르치는 곳은 난민지원단체인 (사)피난처 한 군데뿐으로 서울에 위치하고 있다. 반면 난민들은 상대적으로 집값이 싼 경기도 변두리 지역에 살고 있기 때문에 이곳을 이용하려면 오가는 시간과 부담해야 할 교통비가 상당하다. 이주자를 위한 다양한 한국어 교실이 있지만 한국인과의 사회적 관계망 없이 살아가는 난민들은 대부분 이런 정보로부터 소외되어 있다. 또한 당장 생계를 챙기는 게 급하기 때문에 파트타임 일이라도 있으면 달려가야 하니 한국어 공부에 꾸준히 시간 내기가 어렵다. 게다가 살림도 하고 아이들도 챙겨야 하니 현실적으로 도저히 시간을 낼 수 없다고 했다.

그렇다고 난민 여성들이 일자리를 쉽게 찾을 수 있는 것도 아니다. 마뉴엘 엄마가 했던 레게머리 땋기처럼 부정기적인 일을 한다든지 아니면 파트타임 일이나 영세한 하청공장 등에서 가장 허드렛일을 할 수 있는 게 고작이었다. 그나마 자녀가 어린 경우는 아이를 맡길 데가 없어 아예 일을 내려놓아야 했다. 남편도 없고 이웃도 없이 달랑 아들과 살던 마뉴엘 엄마의 형편으로는 초등학교 저학년 아이를 혼자 두고 일터에 나가기가 어려웠을 터였다. 아니 그보다 그런 상황에 있는 아프리카 출신의 난민 여성을 받아 주는 일터가 있기나 했을까 싶다.

성적 박해에 시달리는 난민 여성

난민 여성들에게는 남성들과 마찬가지로 인권존중, 강제송환금지 등의 보호가 기본적으로 필요할 뿐 아니라 추가적인 관심과 보호가 요구된다(유엔난민기구·국제의회연맹, 2001). 난민 여성들은 성폭력과 가정폭력, 성매매 등 성적 박해에 매우 취약한 상태에 놓여 있다.

특히 전쟁은 여성을 성폭력의 위험에 무방비 상태로 내몬다. 남편이나 부모를 잃은 여성들은 난민 캠프에서 먹을 것을 얻기 위해 몸을 팔아야 할 때도 있다. 다른 난민들과 현지 주민, 그리고 경찰 혹은 보안대로부터 성폭력의 대상이 될 위험도 크다. 비호국에 정착한 뒤에도 일자리를 구하기 어렵고 빈곤에 시달리다 보면 성매매의 유혹을 느끼기도 한다. 한 난민단체 활동가는 "한국에 정착한 싱글맘 난민 여성 중 극도로 빈곤한 상황에 놓인 몇 분이 '가끔 성매매의 유혹을 받는다'고 말해 충격을 받았다"고 전했다. 한 난민 여성은 "일주일에 10만 원 이하의 돈으로 버텨야 하는데 아이 먹일 분유와 기본적인 먹을 것을 사고 나면 기저귀 살 돈이 없어 아이 때문에라도 성매매를 할까 고민을 한다"고 말했다고 한다.

의지할 사람이 없는 이국땅에서 홀로 외로움에 시달리다 약간의 호의에도 쉽게 속아 넘어가 성관계를 맺고 이후에는 그것이 빌미가 되어 지속적인 성폭력에 시달리는 경우도 있다. 이때 상대가 같은 지역 출신의 남자일 경우 동족 커뮤니티에서 더러운 여자나 헤픈 여자로 '낙인'이 찍히기 쉬워 피해를 호소하기도 힘들다. 상대가 한국 남자일 때는 말이 통하지 않으니 신고도 어렵거니와 신고한들 자신의 말을 믿어 주겠냐 싶어 혼자 마음속에 묻어 두고 괴로워한다.

일부 난민 여성들은 가정폭력도 비껴 가지 못한다. 피폐한 난민 생활을 하다 보면 대체로 난민 가족들이 단합해 어려운 상황을 헤쳐 나가는 경우가 많다. 하지만 가부장적 억압이나 성 불평등이 여전히 만연한 나라 출신의 난민 여성 중에는 남편의 폭력에 일상적으로 시달리는 이들도 있다. 불안과 고통을 견디기 어려운 남성들이 상대적으로 더 약자인 아내나 자녀에게 폭력으로 자신의 분노를 분출하는 것이다.

난민인정 심사 과정에서 여성들은 남성 면접관이나 남성 통역관에게 자신이 경험했던 성폭력에 대해 솔직히 털어놓지 못하는 경우가 많다. 성폭력 피해 경험이나 가족의 명예가 달렸다고 생각하는 문제를 거론해야 할 경우에는 더 그렇다. 난민 지위 인정 면접 때 여성 면접관과 통역관을 배치해야 하며 난민 지위 심사관은 여성에 영향을 주는 출신국의 인권 상황과 사회적 역할에 대한 정보를 가지고 있어야 한다. 그러나 대부분 난민 여성의 이 같은 폭력을 외면하거나 방치한 채 무대책으로 일관하는 게 현실이다.

할례를 피하려다 난민이 된 여성들

책 얘기를 하나 더 해야겠다. 몇 년 전 『사막의 꽃』이라는 책 표지에 '아프리카 사막의 유목민 소녀가 유엔 인권대사가 되었다'는 부제가 달려 있어 궁금증에 얼른 집어 들었다. 저자인 와리스 디리Waris Dirie는 매우 유명한 소말리아 출신의 패션모델이자 화장품 모델이다. 하지만 와리스가 더욱 유명해진 것은 그녀가 흔히 할례라고 부르는 여성성기절제술(FGM으로 표기) Female Genital Mutilation을 근절하기 위해 맹렬하게 노력했고, 그 결과 1997년 유엔이 임명한 아프리카 여성인권 보호를 위한 특별대사가 되었기 때문이다.

와리스는 다섯 살 때 음핵과 음순 등 성기 외부를 절제하고 소변과 생리가 나오는 작은 구멍만 남긴 채 꿰매는 잔인한 시술을 받아야 했다. 열네 살 때 그녀는 아버지가 정해 준 예순 살 노인과의 결혼을 피해 집을 탈출하고 맨발로 사막을 가로질러 유럽으로 갔다. 관습의 사슬을 끊고 자신의 삶을 개척해 간 와리스는 고초 끝에 모델로 성공했고, 그 뒤 자신의 경험을 통해 할례의 폭력성을 고발하고 FGM 근절에 앞장섰다. 와리스의 인생 스토리는 후에 〈데저트 플라워〉라는 영화로도 제작되었다.

FGM이 횡행하는 곳에서 여성은 인격체로 존중받지 못하고 신부 아버지와 장래 남편 사이의 거래 대상이 되었으며 이 잔학무도한 악습은 신부의 순결함을 보장하기 위한 징표로 악용되어 왔다. 와리스의 아버지도 결혼이라는 미명 아래 낙타 다섯 마리와 딸을 바꿨다. FGM은 여성을 통제하는 가장 악랄한 가부장적 억압이며, 와리스의 말대로 "사실상 한 인간을 불구로 만드는 폭력"인 것이다.

유니세프(유엔아동기금)와 유엔난민기구에 따르면, 와리스처럼 FGM을 경험한 소녀와 여성은 전 세계 30개국에서 최소 2억 명에 이르며 지금도 매일 6,000여 명의 소녀들이 할례로 죽음의 위기에 처해 있다고 한다. FGM을 받지 않으면 불결하고 방탕한 매춘부처럼 여겨지고, 거부할 경우 엄청난 압박과 지탄의 대상이 되어 저항도 힘들다. 때문에 악습은 근절되지 못하고 현재까지도 자행되고 있다. FGM을 당한 소녀들은 출혈 과다와 감염으로 죽기도 하고 불임이 되기도 한다. 소독하지 않은 면도날이나 칼을 사용하여 시술하고 상처가 덧나도 제대로 치료하지 않기 때문이다.

유엔은 지난 2012년 12월 총회에서 전 세계적으로 FGM을 전면 금지하는 결의안을 만장일치로 통과시켰지만 아프리카와 일부 중동 국가에서는 여전히 널리 행해지고 있다. 와리스와 같이 용기 있는 일부 여성들이 할례의 폭력에 저항해 고향을 탈출하고 있다. 또 어떤 경우는 할례의 잔인함에 반대하는 부모가 딸이 집을 떠나도록 돕고 있는데, 그 때문에 부모가 공동체로부터 습격을 받고 폭력을 당하기도 한다.

FGM은 성별에 근거한 폭력으로 난민 신청의 사유가 된다. 특정사회집단의 구성원이라는 이유에 근거한 박해 유형이라

할 수 있다. 유엔난민기구는 케냐의 다답Dadaab 난민촌에 머무는 8세 이하의 소녀 97퍼센트가 할례를 겪은 것으로 추정하고 있다.

난민의 고통 더하기 여성의 고통

성차별은 난민 여성들이 겪는 실향의 고통과 슬픔을 배가시킨다. 난민 여성들은 난민으로서 겪는 불안하고 불확실한 삶에 가부장제의 차별과 억압이 중첩되면서 이중의 고통을 겪는다. 전쟁 중의 성폭력, 여성 할례와 같은 성차별은 그 자체가 난민을 고향에서 내쫓는 주범이 되기도 한다. 이에 그치지 않고 난민들은 새로운 삶의 터전에서 생활하는 가운데 또 다른 성차별을 겪기도 한다. 앞서 살펴본 것처럼 열악한 일자리와 저임금, 임금노동과 돌봄노동이라는 이중노동의 감당, 돌봄노동에 매여 아예 일자리를 구하지 못하는 문제, 성폭력과 성매매, 그리고 가정폭력 피해 등 난민 여성은 난민과 여성이라는 이중의 장벽에 의해 고통을 당한다. 여기에 인종적 차별과 여성 억압적인 종교적 관습 등이 더해지면 삼중 사중의 고통과 억압에 짓눌려 산다. 난민 여성들이 지속적으로 겪는 차별과 비하, 혐오는 너무 커서 새로운 삶을 다시 시작하고자 하는 이들의 간절한 희망을 무참히 앗아 가기도 한다.

따지고 보면 난민의 원인이 전쟁이든, 기근이든, 이념 대립으로 인한 정치적 박해이든, 아니면 인종차별이든, 어떤 사유든 간에 난민 스스로의 선택으로 난민이 되는 경우는 거의 없다. 난민 여성의 고단하고 불안한 삶 속에는 대립과 분열, 제국주의와 식민지, 이념 대립과 탈냉전, 정치적 대립과 독재, 대규모 개발과 생태계 파괴라는 세계사의 굴곡, 성차별·성폭력이라는 가부장제의 구조적 억압 등이 이중 삼중으로 포개진 채 아로새겨져 있다. 결국 난민 여성의 삶은 역사가 형성한 삶인 셈이다.

목소리 없는 소수자, 난민 여성

책을 구상하고 쓰는 과정에서 제임스 루나James Luna라는 미국의 현대 미술가를 자주 떠올렸다. 그는 미국 캘리포니아에서 살던 루이세뇨 부족 출신의 인디언인데 〈인공품artifact〉이라는 작품으로 유명하다. 루나는 1987년 〈인공품〉이라는 제목으로 샌디에이고 인류박물관의 인디언관 진열대에 허리에 천 하나만을 두르고 누워 스스로 작품이 되었다. 루나가 작품을 통해 전하고자 한 메시지는 '인디언은 미개하고 열등한 존재가 아니고, 그렇다고 한없이 지혜롭고 순수한 존재도 아니라는 것'이었다. 그냥 있는 그대로 봐 달라는 게 루나의 의도였다.

난민 여성들을 인터뷰하면서 그들도 루나와 같은 심정이지 않을까 싶었다. 난민 여성들은 착하고 불쌍한 존재로 받아들여지기를 꺼려 했다. 그들은 잘 웃고 질문에 열심히 친절하게 답했지만 동시에 자존감과 품격을 잃지 않으려고 애썼다. 또한 사람들이 선불리 동정적 시선을 던질까 봐 긴장하고 경계했다. 한 난민 여성은 피부색이 검은 아들이 친구 집에 놀러가는 것을 허락한 적이 없다고 했다. 혹시나 아들이 당할지도 모를 차별과 상처를 아예 차단하겠다는 속셈인 듯했다. "동정이 나쁜 것이냐"라고 항변할 사람도 있겠지만, 페터 비에리의 설명에 따르면 동정은 사람을 왜소하게 만들고 그래서 무시당하는 것처럼 느끼게 할 수 있다(비에리, 2014). '나는 강하고 너는 약하다'라고 말하는 것 같아 만남의 대칭성이 기우뚱해지고 따라서 동정을 받는 사람의 존엄성을 훼손할 수 있다는 것이다. 자립의 능력을 잃어버린 사람이 동정을 받을 때는 자존심에 더 큰 상처를 입을 수 있다. 비록 악의적인 것이 아니라 할지라도 동정의 표현은 자칫하면 굴욕감을 건드릴 수도 있다. 반면 상대방의 처지와 바꾸어 생각하는 역지사지는 약자와 강자, 크고 작은 자, 역할의 구분 없이 사람 사이를 이어 준다. 역지사지를 통해 난민이 처한 입장을 이해하는 것은 필요하지만 섣부른 동정심은 금물이다.

인터뷰가 깊어지면서 일부는 "한국이 왜 난민에 대해 이렇게 인색하고 무관심하느냐"며 마음속 깊은 곳의 불만을 토로하기도 했다. 일부 난민 여성들 중에는 난민이 갖는 기본적 권리를 잘 알고 이를 당당하게 요구하는 경우도 있었다.

인터뷰에 응한 난민 여성들 중 다수는 대학 교육을 받았고 해외 유학을 다녀온 사람들도 있었다. 그들은 본국에 있었으면 웬만큼 보장되었을 사회적 위치와 안정된 삶을 갈망하면서도 현재 놓여 있는 처지에 크게 낙담하지 않고 현실을 담담하게 받아들이려고 노력하고 있었다. 별 뾰족한 대안이 없는 상황에서의 불가피한 선택이겠지만, 다른 한편 피할 수 없는 삶의 굴곡과 정면으로 대면해 길어 올린 인생의 깊이 같은 것이라는 생각도 들었다. 일부는 한국 사회에 대해 예리한 통찰을 보여주기도 했다. 교류하는 이웃이 있냐는 질문에 한 난민 여성은 "자세히 보니 한국 사람들도 이웃과 단절된 채 살아가는 것 같던데 공동체의 부재가 비단 우리만의 문제이겠느냐"고 되받았다. 또 다른 여성은 "한국이 물질적으로는 잘살지만 살벌한 경쟁 속에서 늘 시간에 쫓기며 살고 있어 꼭 '잘' 사는 사회라는 생각이 들지 않는다"고도 말했다. 인터뷰한 모든 가정은 경제적 어려움을 이겨 내느라 분투하고 있었는데, 그러면서도 그들이 더 간절히 원하는 것은 한국인의 무관심과 경계심, 차별적 대우와 혐오적 시선이 거두어지는 것이었다.

인터뷰하러 갈 때는 내심 긴장했다. 가난과 소외, 불안 등을 떠올리며 어떤 표정과 어떤 태도를 견지해야 할지 조심스러웠다. 그런데 그건 나의 기우였고 노파심이었다. 그들은 때론 울고 때론 우울한 표정을 지었지만 또한 동시에 소박하게 잘 웃었고 성장해 가는 자녀들에게 희망을 걸어 보기도 했다.

난민 여성들은 자신들이 불쌍한 존재로 비춰지는 것도, 불온한 존재로 간주되는 것도 모두 마음속으로 거부하고 있었다.

그냥 있는 그대로, 사람답게, 최소한의 사람대접을 받으면서 살고 싶어 했다. 원래 한국 땅에 살고 있는 사람들이 각양각색의 빛깔과 모양으로 살고 있듯이, 난민 여성들도 다른 땅에서 왔다는 사실 하나만 특별할 뿐 제각각의 색과 모습으로 살고 있었다. 존중받고 사람대접을 받고 싶어 한다는 점에서는 다를 바가 없었다.

그런데 다른 한편, 난민을 도와야 한다고 말한 내 주변 사람들이 이들의 권리 주장과 당당함을 보면 여전히 같은 생각을 할지 의구심이 생겼다. 일부는 당황스러워하면서 괘씸하다고 생각하지 않을까? 불쌍하니까 돕는 것이 아니라 난민도 똑같은 인간이고 존엄성을 보장받아야 할 인권의 주체이니 인간적 품격을 잃지 않고 살도록 도와야 한다고 하면 과연 얼마나 이해할까? 우려가 생기기도 했다.

하지만 나의 걱정과는 별개로 난민들은 일상 속에서 자신의 속내를 함부로 드러내지 않았다. 정확히 말하자면 드러내지 못했다. 난민에 대한 한국 사회의 시선을 눈치채고 마음과 꿈을 스스로 구조조정 했다. 한국에서 난민들이 공적으로 목소리를 낼 수 있는 공간은 없다. 그렇다고 누군가 대변해 주지도 않는다. 헌신적으로 활동하는 난민지원단체들이 있지만 이들의 목소리 또한 우리 사회에서 아직은 크게 울려 퍼지지 못하고 있다. 열심히 찾아서 들으려는 노력도 크게 미흡하다. 그런 점에서 한국 사회에서 난민의 목소리는 없다. 한국에서 난민들은 이웃과 단절된 채, 있는 듯 없는 듯 투명인간처럼 살아간다. 난민 여성은 보이지 않고 들리지 않는 존재, 즉 소수자다.

이 책은 한국에서 살아가는 난민 여성의 존재를 드러내고, 그들의 목소리를 들려 주며, 그들이 인간으로서의 존엄성을 잃지 않고 살아갈 수 있도록 함께 어깨를 겯고 나아가기 위한 첫 걸음이 되고자 한다. 자신과 가족의 삶을 껴안고 살아가기도 힘든 현실에서 전혀 모르는 난민의 삶까지 보듬기란 사실 어렵고 버거운 일일 수 있다. 그러나 타인의 삶을 이해하고 공감하는 것은 비단 타인만을 위한 일이 아니라 자신의 삶의 깊이를 더하고 서로에게 힘이 되는 공동체를 확장하는 데 도움이 되리라 생각한다. 부디 이 책이 난민과 난민 여성의 삶을 이해하고 공감하는 데 도움이 되길 바라는 마음이다.

2부

한국의 난민 여성 일곱 가지 이야기

"희망이란 원래 있다고도 할 수 없고 없다고도 할 수 없는 것 아닌가. 그것은 마치 땅 위에 난 길과도 같은 것이 아닐까. 사실 길이란 원래부터 있는 것이 아니다. 다니는 사람들이 많아지면서 차차 생긴 것이다."

– 루쉰, 『고향』

1장

4인 4색 가족의 한국에서 희망 만들기

미얀마 친족 출신 **소피아 킴**과 **캐롤라인**

절망의 밑바닥에서 일어서기

난민 여성의 고단한 삶을 얘기하면서 '희망'으로 시작하는 것은 진부하다. 아니 비현실적이다. 달콤한 말로 위로해 주고 돌아서는 사탕발림 같은 것일 수도 있다. 희망을 얘기할 때면 자주 인용되는 루쉰의 말도 뒤집어 보면 희망 만들기가 쉽지 않다는 뜻으로 읽힌다. 왜 길이 없었겠는가? 앞서 걸어간 사람이 없었기 때문이고 앞서 걸어간 사람이 없는 이유는 그곳이 울퉁불퉁 자갈길이거나 가시덤불이거나 아니면 발이 푹푹 빠지는 늪지대 같은 곳이기 때문이리라. 물러서자니 길을 잃고, 나아가자니 길이 없다. 어떻게 해야 할까?

미얀마의 소수 민족인 친족Chin族 출신 소피아 킴(46세) 씨

네 식구는 진퇴양난의 절망 속에서도 한 걸음 한 걸음 앞으로 나아가기로 했다. 소피아의 남편인 시리우스(58세) 씨가 가족들에게 매일 기도하듯 해주는 말처럼 “내일을 걱정 말고 함께 희망을 만들기”로 한 것이다. 그건 ‘어쩔 수 없기 때문’이었다. 막막한 현실을 피해 갈 수 없거니와 그렇다고 운명의 여신에게 사로잡혀 있을 수만도 없지 않겠는가. 그렇게 소피아 씨 가족은 14년째 한국에서 살고 있다. 희망의 실마리 같은 것이 조금 보이기도 하지만, 소피아는 “아직 희망이 있다고도 할 수 없고 없다고도 할 수 없는 듯하다”고 말했다. 한국에서 난민으로 살아가는 소피아 씨 가족의 꿈은 무엇일까? 왜 그들은 환상일지도 모르는 희망을 붙들고 불확실한 미래를 향해 나아갈 수밖에 없었을까?

이혼과 유학, 그리고 재혼

소피아의 인생이 살짝 기우뚱하기 시작한 것은 첫 결혼에서부터였다. 그녀는 1년 만에 이혼했다. 남편의 외도 때문이었다. 그리고 그녀 곁에는 한 살짜리 딸 캐롤라인이 남았다. 의욕적이고 성실하고 능력 있던 젊은 여성 소피아는 그대로 주저앉지 않았다. 캐롤라인이 네 살 되던 해인 1996년, 그녀는 딸을 친정엄마에게 맡기고 필리핀으로 유학을 떠난다. 당시로서는 이례적이고 파격적인 행보였다. 미얀마는 불교 국가이지만 미얀마의 서부 산지에 주로 거주하는 소수 민족인 친족 중에는 기독교 신자가 많았다. 소피아는 평생 목사로서 살 것을 결심하고 필리핀에서 신학 공부를 시작한다. 공부는 흥미로웠고 삶은 생기를 되찾았다. 그즈음 그녀의 운명을 좌우할 목사 둘이 나타났는데 그중 하나가 지금의 남편인 시리우스다.

"시리우스는 아프리카 나이지리아 출신이야. 나와 같은 학교에서 신학 공부했어. 그런데 어느 날 (그가) 나에게 결혼을 하자고 해. 너무 놀랐어. '애 딸린 이혼녀라 결혼할 수 없다'고 해도 소용이 없어. 막 쫓아오는 거야. '우리가 애를 못 낳을 수도 있는데 그러면 캐롤라인이 있으니 더 잘된 게 아니냐'는 거야. 한참 동안 도망 다녔어. 그래도 포기하지 않아서 결국 2001년 필리핀에서 결혼했지."

소피아의 한국말은 서툴렀다. 한국에서 산 지 13년이나 되었는데도 제대로 의사 전달을 하기 위해서는 한국말과 영어를 섞어야 했다. 조사助詞를 빠트리기가 일쑤였고 존댓말을 제대로 사용할 줄 몰랐다. 그래도 그녀는 인터뷰 내내 참 씩씩하고 신나게 얘기했다. 시리우스와의 결혼 얘기를 할 때는 얼굴 전체에 웃음이 피어올랐다.

소피아의 두 번째 신혼은 평온했다. 하지만 물 좋고 정자 좋은 곳이 없는 게 인생인 모양이다. 안타깝게도 결혼생활의 행복을 유지하기 위해 그녀는 귀향을 포기해야 했다. 소피아의 고향인 친 공동체에는 외국인의 출입이 금지되어 있어 시리우스가 살 수 없었다. 그 당시 미얀마 정부는 소수 민족인 친족을 심하게 통제하고 차별했는데 외국인의 출입을 허용할 경우 이 같은 억압적 상황이 외부로 알려질 것을 우려했기 때문이다. 소피아가 남편과 한 지붕 아래에서 살기 위해서는 결국 고향으로 되돌아가는 것을 포기해야만 했다. 하지만 고향 땅에는 두고 온 딸 캐롤라인이 엄마를 손꼽아 기다리고 있었으니, 이쪽도 저쪽도 포기할 수 없는 답답한 상황이었다.

이 와중에 또 다른 목사가 소피아 앞에 나타난다. 어느 한국인 목사가 그녀에게 한국에서 같이 일을 하자고 제의해 온 것이었다. 소피아는 눈이 번쩍 떠졌다. 세 식구가 한 지붕 아래서 살 수 있는 기회가 온 것이었다. 2003년 소피아는 한국에 입국하기 전에 미얀마로 돌아가 딸을 데리고 한국으로 왔다. 하지만 그때만 헤도 그녀는 난민이란 단어를 들어본 적도 없었다. 그러니 난민으로 살아갈 줄은 생각조차 못했다. 참으로 삶이란 아무도 모르는 것이다.

"난민이 뭐예요?"

한국에는 3개월짜리 관광 비자로 입국했는데 시간이 금방 흘러갔다. 한국인 목사의 소개를 받아 출입국관리사무소를 찾아갔다. 목사로 활동하기 위해 종교비자를 받고 싶다고 했더니 미얀마로 돌아가 그곳 한국대사관에서 비자를 받아 오란다. 난감했다.

© 김보미

난민 여성들은 누구이며 한국에서 어떻게 살고 있을까?
어쩔 수 없이 고향에서 쫓겨난 이들에게는 무엇이 절실할까?
어느 나라도 보호해 주지 않는 난민들의 인권은
어떻게 보장되고 지탱될 수 있을까?
그리고 우리는 어떻게 연결되어 깊은 만남을 하고
삶의 기운을 서로 북돋울 수 있을까?

"그렇게 하기는 어렵다고 하니 출입국관리사무소의 직원이 그러는 거야. '난민 신청(을) 해'라고. 나는 난민이란 말을 그때 처음으로 들었어. 그래서 물었지. 'What's a refugee?(난민이 뭐예요?)'라고."

그런데 직원으로부터 설명을 듣고 나니 더욱 앞이 안 보였다. 한국의 난민인정률이 매우 낮아서 난민으로 판정받을 수 있을지는 아무도 모른단다. 하도 막막해서 한참을 가만히 있다가 그녀와 캐롤라인은 난민인정 심사를 청구했다. 별다른 방도가 없어서였다. 가족이 흩어지지 않고 다 같이 한집에서 살 수만 있다면 난민인들 어떠랴 싶었다. 그때만 해도 그것이 '비非국민'으로 살면서 '인권으로부터 배제'되고 한국의 이웃과 유리된 채 주변적인 존재로 '그림자'처럼 살아야 하는 삶인 줄은 꿈에도 생각지 못했다. 참으로, 삶이란 만만치 않다.

몇 달 뒤 소피아를 뒤따라 시리우스도 한국으로 왔다. 소피아 가족은 한국인 목사 집의 반지하 방을 무료로 빌려서 기거했다. 지하였지만 제법 괜찮은 3층짜리 단독주택의 일부여서 아늑하고 좋았다. 한국인 목사는 12명의 부모 없는 아이들을 돌보고 있었는데 소피아 부부도 이 일을 거들었다. 목회 활동을 하고 싶었지만 아프리카 출신과 가난한 나라의 소수 민족 출신 외국인 목사가 목회를 하는 건 애당초 불가능해 보였다. 생계를 위해 목사라는 직분을 내려놓고 부부는 공장에서 막노동으로 돈을 벌었다. 난생처음 경험해 보는 육체노동이었다. 당시는 난민 신청자의 취업이 불법이었기 때문에 고된 노동을 하고도 받는 돈은 쥐꼬리만 했다. 그래도 세 식구가 함께 살 수 있으니 그게 어딘가? 소피아는 감사하는 마음을 갖자고 스스로를 달래고 달랬다.

바닥을 향해 서서히 가라앉는 삶

한국에서의 생활이 안정적으로 자리를 잡아갈 즈음, 기둥처럼 믿고 의지하던 한국인 목사가 갑자기 세상을 떠났다. 한국에 온 지 4년쯤 되었을 때다. 소피아 가족은 살던 집을 나와야 했다. 모아 둔 돈이 조금 있었지만 한국의 집값이 오죽 비싼가. 살던 집보다 훨씬 못한 동네의 반지하 방을 얻어 이사를 했다. 이전 집과 비교할 수 없을 정도로 좁고 초라한 집이었다. 어른도 그렇지만 사춘기를 지나던 딸 캐롤라인에게는 더욱 충격이었다.

"미얀마에 있을 때 한국 드라마를 봤는데 집들이 궁전처럼 멋져 보였어요. 한국에 가면 나도 그런 집에서 살 수 있을 줄 알았지요. 목사님 집에 살 때만 해도 괜찮았어요. 그런데 새로 이사한 집은 너무 낡아서 친구들에게 창피했어요. 나중에 어른이 되면 돈을 열심히 벌어서 부모님이 반지하 방을 탈출할 수 있도록 해드려야겠다고 혼자서 결심했어요."

삶이 한 단계 추락하는 느낌이랄까? 아니 한 단계만 떨어지면 괜찮다. 바닥을 향해 점차 가라앉는 것 같은 불길한 예감이 들었지만 소피아는 그래도 스스로를 다독였다. 반면 야무진 캐롤라인은 마음속으로 "나중에 부모님 집을 장만해 드려야겠다"는 야심찬 목표를 세웠다. 고난은 때론 치열한 삶의 원동력이 되기도 한다. 아주 일부이긴 하지만 말이다.

그 와중에 3년 이상을 끌던 난민인정 심사 끝에 시리우스는 2007년 인도적 체류자로 결정되었다. 시리우스가 살던 나이지리아 북부 지역에서는 기독교인이 무슬림에 의해 박해를 받을 가능성이 있다고 인정받은 결과였다. 시리우스가 인도적 체류지위를 얻게 되면서 가족결합원칙에 따라 소피아와 캐롤라인도 인도적 체류지위를 받게 되었다. 덕분에 그 즈음에 태어난 제이콥까지 네 가족은 당장 한국 땅에서 쫓겨나지는 않게 되었다. 6개월 또는 1년에 한 번씩 1인당 4만~5만 원의 비용을 내고 비자 연장을 신청하는 불편함은 감수해야 했지만 그래도 한국에서 살 수 있게 된 것만으로도 다행이었다.

교육권·사회권 보장받지 못하는 인도적 체류자

그럼 여기서 소피아 가족에게 부여된 인도적 체류란 과연 무엇이며 어떤 권리가 주어지는지에 대해 알아보도록 하자. 한국의 난민법 제2조는 인도적 체류자를 "고문 등의 비인도적인 처우나 처벌 등으로 생명이나 신체의 자유를 침해당할 수 있다고 인정할 만한 합법적인 근거가 있는 사람"으로 규정하고 있다. 난민협약상의 난민 개념에는 부합하지 않지만 국제인권법의 원칙에 따라 판단할 때 국가가 의무적으로 보호해야 할 사람들이란 것이다. 말하자면 준準난민인 셈이다.

그런데 인도적 체류자에게는 최소한의 인간적인 삶을 살 수 있는 권리가 제대로 보장되지 않는다는 문제가 있다. 인도적 체류자에게는 본국으로 강제 송환이 되지 않고(난민법 제3조) 임시로 체류할 수 있는 자격과 법무부 장관의 허가를 받아 취업 활동을 할 수 있는 권리(난민법 제39조)가 주어진다.* 인도적 체류자에게 주어진 권리는 오직 이 두 가지뿐인데 그나마 비자 유형 때문에 막상 취업을 하려면 그것도 힘들다. 인도적 체류자가 발급받는 비자는 G-1-6 유형인데 취업 과정에서 통상 G-1 비자와 같은 것으로 취급되기 때문이다. G-1 비자는 통상적인 비자가 아니라 임시 비자다. 곧 본국으로 송환될 외국인인데 산업재해 보상이나 체불임금 소송, 질병 치료, 난민 심사 소송 등의 문제 때문에 체류해야 하는 이들에게 주어진다(피난처, 2015).

---

* 반면 난민으로 인정받으면 '사회보장, 기초생활수급권, 국민과 같은 초중등 교육 및 필요한 교육의 지원, 본국에서의 학력 및 자격 인정(난민법 제31~36조)' 등이 보장되며, 국가와 지방자치단체는 이를 위해 필요한 조치를 해야 한다(난민법 제30조). 이와 같은 권리가 인도적 체류자에게는 보장되지 않아 장기적인 삶을 설계하기가 어렵다.

G-1-6 비자가 G-1 비자와 같은 것으로 취급되다 보니 인도적 체류자는 합법적인 취업이 불가능한 사람으로 오해받거나, 고용이 되어도 차별 임금을 감내할 수밖에 없다. 본국에서 전문직 종사자나 고학력자였다 해도 본국에서 취득한 자격을 인정받지 못하기 때문에 한국에서는 단순 노무직이나 일용직 외에는 취업하기도 힘들다.

특히 건강보험의 부재는 인도적 체류자들의 건강과 안정된 삶을 위협한다. 인도적 체류자들 중에서 직장건강보험을 포함한 4대 보험 혜택을 받는 경우는 극히 드물다. 한 시민단체의 조사 결과를 보면, 조사 대상인 인도적 체류자의 11퍼센트만이 직장건강보험에 가입돼 있었다(피난처, 2015). 인도적 체류자는 지역의료보험에 가입할 수 없기 때문에 90퍼센트 정도는 엄청난 의료비를 감당하지 못하고 의료의 사각지대에 놓여 있을 수밖에 없는 것이다. 출산을 앞둔 임산부나 급성질환자들이 병원에 가지 못하고 발을 동동 구르고, 이를 안타깝게 여긴 난민지원단체 활동가들이 백방으로 뛰어 독지가나 병원을 찾아 겨우 진료를 받게 했다는 얘기는 난민단체 주변에서 쉽게 들을 수 있는 사연이다.

2015년 국가인권위원회는 인도적 체류 제도의 취지에 부합하지 않는다며 인도적 체류 난민에게 지역건강보험 가입 자격을 부여하라고 보건복지부장관에게 권고했다. 그러나 받아들여지지 않았다. 의료 선진국임을 자랑하는 한국에서 단지 국민이 아니라는 이유만으로 아픈 사람을 나 몰라라 하고 내버려 두는 일은 반反인권적이며 비인도적이다. 경제적으로만 따져 봐도 독지가든 병원이든 한국인 누군가의 돈으로 진료를 하고 있는 게 현실이다. 지역건강보험 가입 자격을 부여하는 것, 그리고 G-1 비자와 다른 유형의 비자를 신설하는 일은 미뤄서는 안될 시급한 과제이다.

인도적 체류자로서의 정체성은 소피아 가족의 삶에 아로새겨진다. 당장 소피아 부부도 취업이 힘들었다.

> "사장들이 매번 거절했어. 'G-1은 채용할 수 없다'는 거야. 수도 없이 거절당하고 좌절감을 느꼈어. 그러다 교회 다니는 어느 사장이 겨우 우리를 고용했어. 우리 부부가 목사라는 사실을 알고 봐준 거지. 그런데 한국 사람보다 월급이 너무 작아. 한국 사람은 하루 8시간 일하는데, 우리는 12시간 일하고 같이 받았거든. 일은 우리가 훨씬 잘하고 경력도 오래됐는데 같은 돈을 받으니 억울했어. 그래도 어쩌겠어. 할 수 없이 받아들일 수밖에."

인도적 체류자가 취업하기 위해서는 사전에 출입국관리사무소의 허가를 받아야 한다. 허가를 위해서는 우선 고용주와 근로계약서를 작성하고 이것을 제출해야 하는데 흔쾌히 써주는 고용주가 많지 않다. "G-1은 일 못해. 너희는 불법이야!"라거나 "(계약서 써달라고 하면) 너희 나라로 보내 버린다"는 막말도 횡행한다(피난처, 2015).

사정이 이러니 고용되기만 하면 일의 종류를 가리지 않았다. 목사로서의 자존심이나 해외 유학까지 했다는 자부심은 일찌감치 던져 버렸다. 플라스틱 용기에 화장품을 넣는 일이나 유명 브랜드의 등산복 만드는 공장에서 재봉 일을 했다. 최근 몇 년간 시리우스는 안산의 화학약품 만드는 공장에서 일하느라 주말에만 집에 온다. 월급은 130만 원 안팎인데 한 달에 두 번 초과 업무를 하고 초과 수당을 조금 더 받는다. 그렇게 해도 빈곤에서 헤어나지 못하고 있다. 월세는 버겁고 아이 둘을 키울 학비는 언제나 모자라다.

다행스럽게도 주말마다 행복한 일자리가 기다리고 있다. 몇 년 전에 다니는 교회에서 시리우스에게 영어예배 사역을 맡긴 것이다. 영어를 배우려는 한국 사람이나 외국인을 대상으로 영어설교를 한다. 급여라고 할 것은 없고 교회에서 헌금 형식으로 월 20만~30만 원이나 쌀 같은 생필품을 받는다. 돈이 문제가 아니라 목사로서의 정체성을 확인하고 자존감을 느낄 수 있어 뿌듯하다. 자아실현을 할 수 있는 일을 하는 게 얼마나 큰 삶의 기쁨인지를 시리우스는 절감하며 살고 있다.

난민 여성의 발목 잡는 자녀 양육

소피아는 아직 어린 제이콥 때문에 일을 못하는 때가 더 많았다. 제이콥이 초등학교에 입학하면 일할 수 있을 거라 기대했지만 G-1 비자는 제이콥에게도 영향을 미쳤다. 지역아동센터에 가서 방과 후 교실을 이용하겠다고 하니 "G-1 비자가 뭔지 모르겠다"며 받아 주지 않았다. 소피아는 "제이콥이 방과 후 교실에 가지 못하기 때문에 내가 일을 나가면 제이콥 혼자서 밥 먹고 심심해서 게임하거나 텔레비전 보고 있으니 아르바이트도 못해"라며 안타까워했다.

눈썰미 있고 손끝이 매운 소피아는 고용주로부터 인정받아 아르바이트하러 오라는 연락을 자주 받는다. 하지만 그때마다 망설인다. 생활비가 모자라 허덕이는 걸 생각하면 당장 달려가야 하지만 제이콥을 혼자 두고 가기엔 걱정이 많다. 이제 초등학교 2학년인 제이콥이 학교에서 돌아와 이웃도 가족도 없는 텅 빈 집에서 반나절을 지내기란 쉬운 일이 아니다.

그래도 가끔은 문을 잘 잠그고 있으라고 당부하고 아르바이트를 하러 달려가기도 한다. 실리콘 라벨을 붙이거나 봉제공장에서 재봉틀을 돌리면 하루 종일 일하고 7만 원 정도 번다. 제이콥에게 국어와 수학 학습지 교육만 시켜도 월 27만 원, 태권도학원이 월 12만 원이니 시리우스의 벌이만으로는 허리가 휜다. 아내인 소피아로서는 그냥 보고만 있을 수 없는 것이다.

그동안 소피아는 제이콥을 낳고 키우느라 참 힘들었다. 출산 후 산후조리를 도와 줄 사람이 가까이에 없어 중학교 1학년이던 캐롤라인이 미역국을 끓이고 반찬도 만들었다. 지방에서 공장을 다니던 시리우스가 주중에는 한두 번 겨우 올 수 있었기 때문에 산후조리를 제대로 돕기가 힘들었다. 중학생 딸이 하는 뒷바라지가 오죽했을까. 지금도 그때를 생각하면 소피아는 눈물이 난다.

제이콥은 서너 살 때 부모 말을 참 안 들었다. 말수는 적은데 욕도 잘하고 너무 활동적이어서 혼자 감당하기가 힘들었다. 아프리카 속담 중에 아이는 마을이 키운다는 말이 있는데 마을이 함께 키워도 힘든 아이 양육을 이웃과 단절된 채 살아가는 난민 여성이 혼자 감당하려니 하나부터 열까지 모두 어려웠다. 처지가 비슷한 친족 여성들이 힘이 되어 주기는 했지만 가까이 살지 않다 보니 막상 급한 일이 있을 때는 막막하고 외로웠다.

아빠의 피부색과 외모를 많이 닮은 탓에 제이콥은 어릴 때 유치원에서 놀림도 자주 받았다. 다니던 학원에서 아프리카 사람이라고 놀림을 받아 제이콥이 학원에 가지 않으려 한 적도 있었다. 그때 소피아는 놀리는 친구에게 이렇게 말하라고 가르쳤단다. "나는 엄마가 미얀마 사람이라 미얀마 말도 하고, 아빠는 나이지리아 사람이라 영어도 해. 난 할 수 있는 언어가 세 개나 돼. 근데 너는 한국어 하나밖에 못하잖아."

소피아는 당당함을 잃지 않고 의연하게 살라고 두 자녀에게 늘 강조한다. 특히 피부색이 검은 제이콥이 상처받지 않도록 신경을 쓴다.

"피부색이 다른 것은 부끄러워할 일이 아니야. 그건 그냥 다른 것일 뿐이야. 다르다는 것은 수치가 아니고 오히려 자산이고 능력이야. 그러니 자부심을 가져. 자기 스스로를 다른 사람의 눈으로 바라볼 필요는 없어. 더구나 남이 차별하고 무시한다고 그걸 받아들일 필요는 없어. 남이 이러쿵저러쿵 하는 소리에서 벗어나지 못하고 주눅이 들 필요는 없어."

소피아가 항상 염두에 두고 캐롤라인과 제이콥에게 하는 말이자 자기 스스로에게 거는 주문이기도 하다. 탐나는 아르바이트가 있어도 때때로 눈을 감고 마는 것은 아이 키우는 것이 우선이기 때문이다. 학원을 못 보내는 한이 있어도 상처받지 않게, 당당하게 자라도록 하는 것이 소피아에게는 더 중요하다.

엄마의 자부심 캐롤라인

비록 살림이 빈곤해도 당당하고 의연하게 살고 싶은 소피아에게 딸 캐롤라인은 자부심 그 자체다. 딸에게 대놓고 말하지는 않지만 어려운 삶의 고비를 넘어올 수 있었던 것은 씩씩하고 다부진 캐롤라인이 있었기 때문이다. 또래 친구들과는 매우 다른, 새로운 길을 만들어 가느라 캐롤라인은 항상 고달프고 힘들다. 반면 엄마는 그런 딸에게서 희망을 찾는다. 소피아와의 인터뷰 외에 캐롤라인과는 별도로 한 번 더 만났는데 그녀는 시종 당당하고 활기찼다. 우선 한국말이 완벽했고 감정이나 의사 표현도 스스럼이 없었다. 현재 충청남도에 있는 어느

"피부색이 다른 것은 부끄러워할 일이 아니야.
그건 그냥 다른 것일 뿐이야.
다르다는 것은 수치가 아니고 오히려 자산이고 능력이야.
그러니 자부심을 가져.
자기 스스로를 다른 사람의 눈으로 바라볼 필요는 없어.
남이 이러쿵저러쿵 하는 소리에서 벗어나지 못하고
주눅이 들 필요는 없어."

대학의 간호학과 4학년에 재학 중인데 꿈도 많고 하고 싶은 일도 많았다. 자진해서 희망을 내려놓거나 꿈을 구조조정하지 않겠다고 다짐하고 있었다. 그동안 미리 알아서 물러선 적이 많았는데 이젠 그렇게 하지 않겠다는 것이다.

캐롤라인이 한국에 온 것은 열한 살 때다. 처음 1년 동안은 모든 게 어려워 학교에도 못 갔다. 한국에 오기 전 미얀마에서도 1년을 쉬었기 때문에 6학년 나이에 4학년으로 진학했다. 그때만 해도 학교에 외국인이 없어 선생님이나 친구들이 대체로 호의적이었다고 한다. 그런데 캐롤라인을 만나 보면 금방 알 수 있지만, 언제 어디서나 활달하고 적극적인 그녀의 태도가 한몫했지 싶다. 공부도 웬만큼 따라잡고 친구도 잘 사귀었다. 그런 캐롤라인에게도 숙제나 준비물 챙기기는 항상 어려웠다.

"포스터를 그려 오라고 하면서 A4용지, B4용지, 4B연필이 필요하다고 하는데 무슨 말인지 알 수가 없는 거예요. 이름도 기억이 안 나는 사인펜과 색연필도 갖고 오라고 하고요. 엄마에게 물어봐야 알 리가 없죠. 그래서 내가 알림장을 들고 문방구와 슈퍼마켓을 돌면서 물어봤어요. 소풍이나 수학여행을 갈 때도 힘들었어요. 도시락을 갖고 오라고 하는데 그때만 해도 엄마가 김밥을 못 싸니 창피했지만 할 수 없이 김밥을 사서 갔지요."

그래도 이 당찬 소녀는 기죽지 않고 잘 견뎌 냈다. 학원 근처에도 안 가봤지만 공부를 잘했다. 자칭 '붙임성이 있고 긍정적이고 눈치도 빠르고 배려도 잘하는' 품성 때문에 언제나 친구들 속에 묻혀 살았다. 중학교 2학년 때부터 고등학교 3학년 때까지는 한 번도 빠지지 않고 반장과 부반장을 했다. 반장 역할을 하는 데는 아무런 어려움이 없었다. 소풍 때 반장 엄마가 담임교사 도시락을 준비하는 관례가 유일하게 힘든 일이었다. 선생님께는 미안했지만 어찌할 수가 없어 과일 바구니로 대체하곤 했는데 그때는 등에서 땀이 났다고 한다.

제이콥이 태어난 뒤부터는 엄마의 산후조리를 돕느라 친구들을 몽땅 집으로 데리고 와서 떠들고 놀았다. 엄마를 위해 뭘 할지를 몰라 "어떻게 하라고?"라며 소리를 지르고 대들기도 했다. 지금 생각하면 참 미안한 일이다. 친구들은 제이콥의 기저귀도 갈아 주면서 잘 데리고 놀았다. 캐롤라인의 집은 친구들의 아지트였다. 그 덕에 친구들은 미얀마 음식도 잘 먹고 엄마가 만들어 주는 반찬과 술안주도 좋아한다.

캐롤라인은 상업고등학교로 진학했다. 생각해 보면 철이 들면서부터 스스로 알아서 꿈을 많이 접었다. 상고 진학도 알아서 선택했다. 자신이 선택한 것이라고 하지만 사실은 어쩔 수 없는 결정이었을 것이다. 상고에서는 야간자율학습을 안 해도 되기 때문에 학교 끝나면 집안일과 동생을 돌볼 수 있다는 점을 감안한 결정이었다. 어릴 때 꿈은 간호사가 되는 것이었는데 집안 형편을 생각하면 대학 진학은 꿈도 꾸지 못할 일이었다.

고등학교 2학년 때부터 아르바이트를 시작했다. 그때부터 지금까지 부모에게서 단돈 1,000원도 받지 않고 생활비와 학비는 물론 옷값도 스스로 번 돈으로 충당하고 있다. 식당에서 음식 나르는 일을 해서 월 150만 원까지도 벌어 봤다. 한국말을 잘하는 데다 인사성도 밝고 몸이 재빨라 고용주들은 캐롤라인을 좋아했다. 하지만 버거웠다. 공부와 집안일과 아르바이트, 세 가지 일을 다 하느라 몸이 부서지는 것 같았다. 밝고 의연해 겉으로 보면 씩씩하게 잘 살고 있는 것처럼 보이지만 어린 캐롤라인이 감당하기에 일상은 늘 고달팠다.

캐롤라인 대학 보내기

캐롤라인이 대학에 진학한 것은 순전히 엄마의 고집 때문이었다. "아무리 그래도 대학은 나와야 한국에서 사람대접을 받을 수 있다"는 거였다. 이는 난민 부모들의 한결같은 생각이다. 자신은 비록 바닥을 헤매고 있지만 아이들까지 그렇게 살게 할 수는 없다. 누구나 인정하는 자격증을 따고 전문 직종에 종사하는 것만이 밑바닥 인생에서 탈출하는 길이다. 그러려면 무슨 수를 써서라도 대학은 가야 한다. "다른 것은 생각하지 마. 그냥 앞으로 가는 거야. 엄마도 빈손으로 시작해서 아들딸 낳고 이만큼 살잖아." 이렇게 소피아는 딸을 설득했다. 반면 더 이상 졸라맬 허리띠조차 없다는 것을 아는 캐롤라인으로서는 부모의 희망이 고통스러웠다. '엄마의 뜻을 알겠지만 그럼 등록금은 어떻게 하라고?' 걱정이 앞섰다. 생활비 정도는 아르바이트로 충당한다 해도 등록금은 엄두가 안 났다. 그래도 엄마는 고집을 꺾지 않았다.

어쨌든 도전해 보자고 마음먹고 보니 이번엔 입시 전형이 문제였다. 도대체 어디서부터 뭘 준비해야 할지 난감했다. 한국 사람들에게도 대학입시 전형은 난수표 해독과 같다는데 캐롤라인에게는 오죽했으랴. 한국말도 잘 모르는 부모에게는 도움을 바라지도 않았다. 서러웠다.

결국 이 사람 저 사람을 붙들고 물어보고 도와 달라고 사정하는 수밖에. 다행히 여러 사람들이 팔을 걷어붙이고 나서 주었다. "온갖 인맥을 다 동원했는데 사실 민폐를 끼치는 일이라 미안하기 짝이 없었지만" 말이다. 그녀를 둘러싼 지인들은 '캐롤라인 대학보내기' 프로젝트에 뛰어들었다. 난민단체 활동가와 한인 교회 및 친족 교회 어른들, 심지어 아르바이트하는 식당의 주인 부부까지도 마음을 모았다. 사방으로 정보를 알아보고 궁리에 궁리를 더했다. 누군가는 부모를 대신해 학교를 방문하고 상담을 해줬으며 여러 사람이 자기소개서와 입학지원서 작성을 도와주고 검토해 주었다. 형편을 생각하면 무조건 장학금을 받아야 하는데 캐롤라인은 미얀마 국적이기 때문에 장학금을 받을 자격이 없었다. 온갖 정보를 다 뒤져 다행히 한 학교를 발견했다. 한국어 실력이 아주 뛰어난 외국인에게 학비를 절반 정도 지원해 주는 대학이 있었다. 마침내 캐롤라인은 무사히 입시 관문을 통과했다. 철벽 앞에서 작은 쪽문 하나를 발견한 기분이랄까.

대학 등록금은 장학금을 받아도 한 학기당 250만 원이 더 필요했다. 다행히 캐롤라인의 합격 소식을 듣고 "여기저기서 성금이 답지했다." 난민단체, 친족 공동체, 교회를 비롯해 이 사람 저 사람이 십시일반으로 100만 원, 50만 원씩 도와줬다. 여기에 부모가 보태고 캐롤라인이 모아 둔 돈에다 빚도 냈다. 학교에 입학한 뒤로도 방학 동안에는 아르바이트로 학기 중에 쓸 생활비를 번다. 방학 내내 하루 12시간 이상 투잡two-job을 뛰면 두 달에 250만 원쯤 버는데 학기 중 월세와 용돈, 책값, 교통비 등으로 쓰기에 빠듯하다.

4인 4색 가족의 희망 만들기

한 지붕 밑에 살지만 소피아 가족은 제각각 다른 점이 많다. 소피아와 캐롤라인의 국적은 미얀마다. 시리우스는 나이지리아, 한국에서 태어난 제이콥은 국적이 없다. 부모 모두 외국인이어서 한국의 속인주의 원칙에 따라 한국 국적을 얻지 못했다. 피부색은 부자가 같고, 모녀가 같다. 식성도 다 다르다. 제이콥과 캐롤라인은 한국 음식을 좋아한다. 시리우스는 나이지리아 음식을 그리워하고 소피아는 미얀마 음식을 별도로 해먹는다. 밥은 한 상에서 먹어도 반찬은 따로따로다.

꿈과 희망도 제각기 다르다. 초등학교 2학년이 된 제이콥은 많이 의젓해졌다. 누나랑 엄마 아빠 얘기를 할 때면 울기도 하지만, 캐롤라인의 말에 따르면 "이제 철들어 알 것은 다 안다"는 것이다. 제이콥의 요즘 걱정은 아빠의 건강과 엄마의 잔소리다. 고혈압인 아빠에게 "기름진 고기나 짠 반찬을 조금만 먹으라"고 간섭한다. 엄마가 누나에게 "엄마 아빠가 선택한 사람과 결혼하라"고 얘기하면 "누나도 누나 인생이 있는데 사랑하는 사람과 결혼하게 두라"고 누나 편을 들어 엄마를 놀라게 한 적도 있다.

제이콥이 요즘 제일 원하는 것은 학교 갔다 왔을 때 언제나 엄마가 집에 있는 것이다. "맨날 나 혼자 있고…. 엄마는 저녁 6시 넘어서야 오면서 친구 집에는 못 가게 하고…." 이제 제이콥은 혼자 먹는 밥에 제법 익숙해졌다. 밥 먹고 빈 그릇은 싱크대에 갖다 두고 물티슈로 지저분한 곳을 닦기도 한다. 힘든 엄마를 조금이라도 돕기 위해서다. "다음에 커서 엄마 아빠 차도 사 주고 손자도 낳아 드릴 거야." 제이콥이 이런 말을 했다면서 소피아의 얼굴이 활짝 밝아졌다. 이래서 또 살아가는 모양이다.

시리우스는 특별히 바라는 바가 없다. 아내가 가난하고 버겁고 외로운 난민 생활에 눈물짓고 속상해하면 "기도해. 감사해"라고만 말한다. "이렇게 예쁜 딸과 아들이 있는데 뭘 더 바라냐"는 거다. "Step by step(한 걸음 한 걸음씩)"은 시리우스의 삶의 좌우명이다.

반면 소피아는 꿈이 많다. 우선은 친정 엄마를 한국으로 초청해 잠시라도 같이 있고 싶다. 한국에 들어온 뒤로 한 번도 못 뵈었겠다고 말을 건네니 "아유, 아유, 그놈의 돈이 웬수"라며 단번에 눈이 벌개진다. 연로한 엄마가 한국에 오시는 데는 건강도 문제지만 무엇보다 비행깃값을 마련할 길이 없다. 몇 년 전 언니가 심하게 아팠는데 그때도 돈만 있었으면 한국으로 초청해 치료를 받게 하고 싶었지만 마음뿐이었다. 제이콥이 커서 의사가 되는 게 엄마의 꿈이다. 딸 캐롤라인은 무사히 간호사가 되길 매일 기도한다. 캐롤라인은 방학마다 아르바이트를 하느라 공부할 겨를이 없어 힘들어하는 눈치다. 상고를 다녔기 때문에 대학 공부에 필요한 과목을 제대로 못 배운 것도 많다. 국적이 미얀마여서 간호사 자격시험에 응시할 수 있는지 여부도 걱정이다. 그래도 캐롤라인에 대한 소피아의 믿음은 확고하다. 이제까지 잘해 왔거니와 달리 도와줄 힘도 없으니 굳게 믿어 주는 것밖에 없다.

소피아는 고향으로 돌아가 목사로 활동하고 싶다고 했다. 고향은 언제나 그립다. 그녀의 마음속에는 항상 고향이 자리 잡고 있는 듯했다. 필리핀으로 유학한 뒤부터 따지면 20년 동안 객지를 떠돌았다. 미얀마의 양곤Yangon 국제공항에 내린 뒤 3박4일 동안 버스를 타고 달려가야 하는 오지에 그녀의 고향이 있다. 한국에 비해 생활은 불편해도 고향은 언제나 평안하고 포근한 곳으로 기억 속에 남아 있다. 친 공동체로 돌아가면 목사로 존중받으며 살 수 있을 것이다. 그럼에도 불구하고 그녀는 고향으로 갈 수 없다. 남편 때문이다. 제이콥도 낯선 땅에서 적응하고 살기 어려울 것이다. 미련 없이 꿈을 접는 것. 소피아의 희망 아닌 희망이다.

날아 보고 싶은 캐롤라인

꿈이 뭐냐는 질문에 캐롤라인은 잠깐 뜸을 들이더니 '봉사와 베풂'이라고 했다. 평소 깊이 생각해 둔 바가 있는 듯 그녀는 차근차근 꿈을 펼쳐 보였다. 우선은 간호사가 되어 부모를 잘 부양하고 싶다. 어떻게든 지하방과 월세를 탈출해 햇볕이 잘 드는 지상에 전세를 구하고 비상금까지 챙겨 드리는 게 목표다.

두 번째 꿈은 고향을 돕는 것이다. 고향을 떠날 당시 동네에는 전화와 인터넷은 물론 전기도 잘 들어오지 않았고 온 마을을 통틀어 TV가 3대 밖에 없을 정도로 낙후돼 있었다. 돈을 벌면 월급을 쪼개서 매달 얼마씩이라도 고향을 도우려 한다. 여건이 되면 직접 가서 간호사로서 봉사도 하고 싶다. 그곳은 공기가 안 좋고 위생 상태도 나빠서 간호사가 할 일이 많다.

"도움이 되는 존재가 되고 싶어요. 특히 도움을 받는 쪽과 도움을 주는 쪽의 중간 다리 같은 존재요. 가족은 물론이고 다른 사람들에게도 영향을 주는 사람이 되면 좋겠어요. 이제까지 어려운 길을 헤쳐 나오면서 여러 사람들의 도움을 안 받았다면 베풂이라는 단어를 몰랐을 거예요. 경험을 통해 베풂의 중요성을 깨달았어요. '이제 꿈을 접어야 되나 보다'라고 생각하면 언제나 작은 틈새지만 길이 뚫렸어요. 주변의 관심이 중요한 것 같아요. 한국은 자살하는 사람들이 많은 나라라고 하는데 주변 사람들이 관심을 갖고 관용을 베풀면 자살도 줄어들 거라 생각해요."

어쩌면 이렇게 야무지게 말할 수 있을까 싶은데 가만히 생각해 보면 그건 캐롤라인이 자신의 삶과 경험 속에서 건져 올린 지혜이자 통찰이었다. 캐롤라인은 한국의 단절된 이웃 공동체에 대해서도 따끔한 지적을 잊지 않았다. 13년간의 한국 생활을 돌아보건데, 살고 있는 연립주택에서 아래위층이 대화를 나누거나 오고 간 적이 없었다. 얼굴을 마주치는 일도 별로 없었다. 본인들이 난민이라서 그런 거라기보다 현재 한국 사회 자체에 아예 이웃이 없어서인 것 같다고 했다. 물질적으로는 풍요로워졌지만 이웃도 없고 사람의 온기를 나누는 곁도 없는 삶이 과연 잘사는 삶이라 할 수 있을까? 그녀의 비판이 이어진다.

"학교도 그래요. 요즘 간호사 실습을 하고 있는데 내 환자 네 환자가 나눠져 있고, 내 할 일 네 할 일이 나눠져 있어요. 환자가 급하면 가리지 않고 돌봐야 하는 것 아닌가요? 그리고 사회의 위계질서가 군대식이에요. 윗사람이 아랫사람 군기 잡고, 선배가 후배 군기 잡고…. 한국에서는 직장이고 학교이고 군대이고 모든 영역에서 다 그런 것 같아요. 납득이 잘 안 돼요. 이런 걸 이해하는 게 일하는 것보다 더 힘들어요."

예리한 통찰력과 비판에 듣는 사람의 마음이 뜨끔하다. 캐롤라인은 이웃에 대한 무관심이 일상화되다 보니 한국에서는 난민에 대한 관심도 없는 것 같다고 했다. 자신의 경우는 많은 사람으로부터 큰 사랑과 도움을 받았지만 그건 개별적 특성이나 우연이 많이 작용한 것이지 모든 난민이나 이웃에게 일상적으로 정착된 문화는 아닌 것 같다고 했다. 주변의 도움에 대해 감사함을 잊지 않으면서도 그 도움이 보편적인 문화나 제도로 연결되어 있지 않다는 것을 간파해 내는 이 예사롭지 않은 날카로움은 어디서 나오는 것일까? 그녀는 미얀마에서의 삶과 서울에 있는 미얀마 친족 공동체의 문화를 한국 문화와 비교해 보면 금방 알 수 있다고 말했다.

울타리가 되어 주는 친족 공동체

서울에 있는 친족 공동체는 생각보다 크고 그 관계가 돈독하다. 인터뷰를 위해 만난 친족 출신 난민들은 캐롤라인뿐만 아니라 모두 공동체에 대한 언급을 빠뜨리지 않았다. 서울에 와 있는 친족 출신 난민과 이주 노동자들이 서로 연락을 주고받다가 주말이면 10여 명씩 모이기 시작했다. 고향에 대한 그리움과 외로움을 달래고 싶어서였다. 그때가 2008년 무렵. 사람이 많아지니 만날 장소가 필요해 급기야 십시일반으로 돈을 모아 집 한 채를 임대했다. 공간이 생기면서 공동체가 활기를 띠기 시작했다. 좁은 공간에서 40명 정도 모이다가 지금은 구로구 대림동에 방 세 칸짜리 단독주택을 임대했다. 모두 150명쯤 되는데 평균 70~100명 정도가 모인다.

그 집을 방문했을 때 첫눈에 인상적이었던 것은 부엌 여기저기에 놓인 큰 전기밥솥이었다. 큰 음식점에서나 볼 수 있는 대형 전기밥솥이 무려 4개나 됐다. 올해 친족 공동체의 회장을 맡은 레베카 씨는 "토요일에 와서 하룻밤을 새면서 같이 친족 음식을 해먹기도 하고 밤새도록 얘기하며 회포를 푼다"며 "일주일에 소비하는 쌀만 해도 40킬로그램 정도 된다"고 말했다. 특히 익숙하지 않은 한국말 대신 미얀마 말로 실컷 떠들고 나면 속이 후련해지면서 한 주일 동안 쌓인 스트레스가 풀린다.

방문을 살짝 열어 보니 작은 방 하나에는 몸이 아픈 친족 2명이 자리에 누워 있었는데 동포가 해주는 밥을 먹고 돌봄도 받으면 병원에 가는 것보다 낫다고 했다. 일요일이면 인근 한국교회를 빌려 독자적인 예배도 드린다. 밥을 먹고 노래를 부르고 때로는 울고 웃다가 새로운 일주일을 지탱할 힘 한 조각을 얻어 다시 씩씩하게 각자 집으로 돌아간다. 이게 전부다. 하지만 그 작은 힘 한 조각이 외롭고 고달픈 객지 생활의 버팀목이 된다.

여성들끼리는 2주일에 한 번 토요일 오전에 별도로 만나 예배를 드리고 수다를 떤다. 5~10명 정도가 모인다. 누군가 임신 출산을 하면 고기를 사들고 방문을 하고 그동안 터득한 육아 비법도 귀띔해 준다. 아이들 공부시키는 법과 준비물 챙기기 등은 물론이고 물건 싸게 사는 곳, 아르바이트 정보, 비자 발급 문제 등 대화의 주제는 무궁무진하고 거기서 건지는 정보들은 모두 알짜배기다. 옛날 한국의 빨래터 같은 곳이라고나 할까.

구성원들의 굳건한 울타리가 되어 주는 친족 공동체의 진가는 결혼식 때 제대로 발휘된다. 가족을 떠나 혈혈단신으로 난민이나 이주 노동자로 살아가다 이곳에서 배우자를 만난 친족의 젊은이들은 혈육 없이 결혼식을 치러야 한다. 하지만 걱정할 필요가 없다. 친족 공동체에서 어른부터 아이들까지 빠짐없이 모두 결혼식에 출동해 가족처럼 기뻐하고 축하해 주기 때문이다. 그뿐이랴. 공동체의 연장자는 고향에 계신 부모를 대신해 친부모 역할도 하고 친정 부모 역할도 한다.

2016년 4월의 어느 일요일 오후, 서울시 영등포구 신길동 한 웨딩홀에서 열린 젊은 친족 남녀의 결혼식은 떠들썩하고 신나는 마을잔치 같았다. 결혼식장의 뒷좌석까지 빼곡히 들어찬 것으로 봐서 참석자는 100명이 훌쩍 넘을 것 같았다. 이날의 주인공은 이주 노동자로 한국에 온 신랑과 난민 신청자 신분인 신부. 결혼식은 양복과 화려한 드레스를 차려입은 세 쌍의 들러리와 세 쌍의 화동花童이 입장하면서 시작됐다. 소피아의 아들인 제이콥도 검은 양복에 나비넥타이를 매고 화동 역할을 했다.

결혼식 사회는 언제나 캐롤라인이 도맡아 한다. 한국말과 영어, 그리고 친족 언어까지 세 가지 언어를 막힘없이 적절히 구사하는 데다 친족 공동체 내의 젊은 리더로 인정받기 때문이다. 기독교 예배와 친족의 전통 혼례가 적절히 섞인 결혼식에서 하객들은 듀엣으로, 혹은 혼성 합창으로 친족 전통 노래를 불러 향수와 흥겨움을 불러일으켰다. 하객 중 어느 누구도 자리를 뜨지 않고 모두가 자신의 일인 양 적극 참여하고 몰입하는 모습이 인상적이었다. 양가 부모 역할을 맡은 이의 감사 인사와 케이크 커팅이 이어지고 하객 전체가 힘차게 부르는 합창 속에서 신랑 신부가 행진하며 결혼식은 끝났다. 축하하는 마음뿐 아니라 공동체가 힘을 모아 큰일 하나를 치러 냈다는 뿌듯함과 자신감 같은 게 느껴졌다.

두 모녀의 절망에서 일어서기

소피아와 캐롤라인의 삶은 앞으로 어떻게 펼쳐질까? 내 머릿속에서 두 갈래 생각이 각축을 벌였다. 캐롤라인에 대해서는 더욱 그랬다.

어느 누구도 알 수 없는 일이지만 그래도 두 모녀는 새로운 길을 만들어 내지 않을까 하는 기대를 가져본다. 두 모녀의 지나간 삶은 많이 힘들었지만 그럼에도 그들에게서는 여전히 씩씩한 기운이 느껴졌기 때문이다. 기대는 희망을 낳고, 희망은 의지를 부추기며, 그 의지는 앞이 보이지 않는 길에 서 있는 희미한 등불처럼 삶의 길잡이가 될 것이다. 난민으로서의 삶이 고달프고 힘들어도 다시 일어서는 것, 그리고 최선을 다하는 것, 지칠 정도로 일하고 열정적으로 사는 것 외에는 길이 없다. 루쉰이 말했던 것처럼, 새로운 길은 원래부터 있는 것이 아니라 다니는 사람이 많아지면서 차차 생기는 것이다. 두 모녀는 서서히 가라앉는 삶의 밑바닥에서 달리 방도가 없기에 힘겹게 걷고 또 걸어왔다. 이제껏 그래 왔던 것처럼 앞으로도 그렇게 걷다 보면 길이 생기지 않을까.

다른 한편, 두 모녀에 대한 기대가 자칫 헛된 꿈과 희망을 부추기는 것이 아닐까 하는 생각도 지우기 어려웠다. 〈유리창 위의 새〉라는 이해인 수녀의 시에는 "커다란 유리창에 / 앞산의 숲이 그대로 들어 있어 / 진짜 숲인 줄 알고 / 새들이 와서 머리를 부딪치고 간다 / (중략) / 위장된 진실과 / 거짓된 행복 / 하도 그럴듯해 / 진짜인 줄 알고 / 신나게 달려갔다 / 머리를 박고 / 마음을 다치는 새 / (중략) 실체와 그림자를 / 자주 혼동하는 새…" 라는 구절이 나온다.

한국 사회의 난민에 대한 무관심과 인색함, 편견과 선입견, 인종차별과 혐오를 생각하면 소피아 가족에게 꿈과 희망을 가지라고 북돋우는 것은 유리창에 비친 그림자를 실체로 착각하고 힘차게 날아오르라고 부추기는 게 아닐까? 두 모녀의 부단한 노력이 편견과 차별의 굳건한 벽에 부딪혀 부스러지는 계란 껍질 같은 것에 불과하지 않을까 하는 우려를 지우기 어렵다.

독일의 극작가 베르톨트 브레히트Bertolt Brecht는 〈서정시가 어울리지 않는 시대〉에서 "정원의 나무가 기형적인 것은 / 토양이 나쁘다는 것을 말해 준다 그런데 / 지나가는 사람들은 나무를 비난한다 불구자라고…" 했다. 캐롤라인이 열망하는 봉사와 베풂의 삶이 산산조각 난 계란에 불과할지 아니면 새로운 길을 만들어 낼지는 순전히 한국 사회에 달려 있다. 한국인은 무엇을 할 것인가? 달리는 캐롤라인에게 희망을 갖고 더 열심히 달리라고 말만 할 것인가? 아니면 잘 달릴 수 있도록 길도 열어 주고 물도 건네고, 때론 삶이 버거워 쓰러지려 할 때는 손도 잡아 주고, 외로울 때는 함께 달려 줄 것인가? 여하튼 캐롤라인에게 이 말만은 꼭 전하고 싶다. "캐롤라인, 힘내! 고난이 쌓여 새길이 열릴 거야"라고.

2장

불꽃 사랑과 엑소더스

러시아 출신 **올가**

그해 여름 피서지에서 생긴 일

1960년대 할리우드 영화 〈피서지에서 생긴 일〉은 말 그대로 여름 휴양지에서 벌어진 청춘 남녀의 불꽃같은 사랑 이야기다. 한국에서는 1970년대 초반 상영됐는데 한때 '여름휴가'라는 말을 떠올리면 생각날 만큼 피서 영화의 대명사였다. 주인공 청춘 남녀는 헤어진 옛 연인의 아들과 딸로 여름 피서지에서 우연히 만난다. 큐피드의 화살이 서로를 향해 날아가고 청춘은 아름다운 바닷가에서 사랑을 나눈다. 그런데 이를 어쩌랴. 애정 없는 결혼에 지쳐 있던 그들의 부모 또한 밀회를 즐기다가 급기야 재혼에 돌입한 것이었다. 연인이지만 법적으로 남매가 되어 버린 두 남녀의 가슴은 황폐해지고 갈등은 고조된다. 하지만 당시의 할리우드 영화가 대체로 그렇듯 영화는 결국 두 사람의 사랑이 인정받고 축복받는 것으로 끝난다.

올가(39세) 씨의 '피서지에서 생긴 일' 또한 영화처럼 해피엔딩이 되었다면 얼마나 좋았을까. 러시아에서 제법 큰 장난감 회사의 무역 담당자였던 그녀가 태국 방콕으로 여름휴가를 떠난 것은 2005년 6월. 그곳에서 올가 씨는 나이지리아 출신의 한 남자를 만나 정염을 불태운다. 휴가에서 돌아온 올가 씨는 두 달 뒤 다시 태국을 방문할 만큼 사랑에 빠져들었다. 그리고 그해 11월경 그녀는 임신 사실을 알게 되었다. 하지만 이후 그와의 연락은 두절되고 말았다.

'피서지에서 생긴 일'은 폭풍우처럼 올가 씨의 삶을 뒤흔들었다. 동서양을 막론하고 미혼모가 아이를 키우는 일이란 가난과 손가락질, 그리고 사회적 차별을 감당해야 한다는 말과 크게 다르지 않다. 올가 씨라고 예외일 리 없었다. 대학에서 경영학과 경제학을 전공한 능력 있는 직장 여성이었기에 경제적 문제는 웬만큼 해결할 수 있었다. 하지만 그녀는 인종차별과 혐오, 그리고 무자비한 폭력에 맞닥뜨려야 했다. 나이지리아 남성과의 사이에 태어난 아들 유리는 피부가 가무잡잡하고 심한 곱슬머리였다. 한눈에 혼혈아라는 게 보인다. 사랑은 색맹이라지만 사랑의 결실로 탄생한 혼혈아는 러시아에서 선천적인 불평등의 대상이었다. 피서지에서 꿈처럼 보낸 한여름 밤의 사랑 때문에 비난과 폭력의 대상이 되리라고는 꿈에도 생각지 못했다.

더구나 고향을 떠나 다른 나라를 떠도는 난민이 될 줄을 상상이나 했겠는가. 사랑은 짧고 치러야 할 대가는 컸다. 가혹한 앞날이 올가 씨를 기다리고 있었다.

욕설과 폭행, 그리고 방화

올가 씨가 러시아 인종차별주의자들로부터 공격을 받기 시작한 것은 아들 유리가 두 살 되던 무렵부터다. 아이를 유치원에서 집으로 데려오는 길이었다. 집에서 10미터 정도 떨어진 거리에 청년 몇 명이 무리를 지어 있다가 올가 씨와 아들을 향해 손가락질을 하며 욕을 하고 모욕을 주기 시작했다.

"아들을 향해 '검둥이negro'라 부르고 나한테는 '걸레×'이라며 욕을 해댔어요. 우월한 백인 슬라브 민족이 왜 흑인의 아이를 낳아 민족의 우월성을 격하시키느냐는 것이었어요. 4~5개월 사이에 여러 차례 똑같은 일이 반복되더라고요. 수치스럽고 무서웠지요."

불안해서 잠을 이루지 못하는 날이 이어졌지만 그래도 스스로를 토닥이며 하루하루를 살아냈다. 하지만 그것은 시작에 불과했다. 더 큰 사건이 그녀를 기다리고 있었다.

"어느 날 회사에 있는데 이웃 사람에게서 전화가 왔어요. 목소리가 다급한 게 뭔가 불길한 생각이 퍼뜩 들더라고요. '집이 불타고 있으니 빨리 오라'는 거예요. 도대체 이게 무슨 소리인가 했지요."

마른하늘에 날벼락이란 이런 때를 두고 하는 말이다. 다리가 후들후들 떨리고 마음을 진정시키기가 어려웠지만 유리가 집에 없어 다행이라는 것만으로 가슴을 쓸어내려야 했다. 그 청년 무리들이 퍼뜩 떠올랐다. "그들이 여러 차례 우리 모자에게 소리 지르고 욕을 해대면서 모욕을 했거든요." 그 순간을 얘기하는데 올가 씨의 눈과 얼굴이 벌게지면서 눈물이 흘렀다. 슬픔과 분노에다 속수무책일 수밖에 없었던 무기력이 뒤범벅된 애절한 눈물이었다.

피부색이 다르다고, 피부색이 다른 남녀가 사랑을 나눈 뒤 혼혈아를 낳았다고 모욕을 주고 생명까지 위협하는 일은 용인될 수 없다. 피부색에 따라 인간 존엄성의 경중이 있을 수 없으며 더구나 존엄성이 훼손당해서는 안 될 일이다. 하지만 안타깝게도 피부색을 이유로 자행되는 인종차별은 지구촌 곳곳에서 여전히 횡행하고 있다. 러시아도 예외가 아니었다. 올가 씨가 방화 테러를 당한 2008년을 전후로 외신은 러시아 인종차별주의자들이 외국인을 대상으로 벌이는 혐오 범죄가 기승을 부리고 있다고 잇달아 전했다. 러시아 정부가 '외국인 혐오주의자들과의 전쟁'을 선포하기도 했지만 그 실효성과 의지를 믿는 사람은 별로 없었다. 올가 씨 사례도 그 같은 상황을 입증한다.

그녀는 곧바로 경찰에 신고했고 한 달 후 경찰로부터 전화를 받았다. 방화범이 누구인지 찾을 수 없으니 사건을 종결짓겠다는 답변이었다. 심도 있는 수사가 이뤄지지 않은 것이 분명했다. 하지만 다른 방도가 없었다. 그녀는 원래 살던 곳을 떠나 아주 먼 곳으로 이사를 결심했다. 방화 사건 뒤에 약 두 달 동안 동생 집에서 살았는데 그 청년들과 마주칠까 두려워 원래 살던 동네로 돌아가고 싶지 않았다. 러시아의 극동 지역인 하바롭스크에서 살던 그녀는 러시아 서북부에 위치한 상트페테르부르크로 옮겨 갔다. 하지만 어딘들 크게 달랐겠는가.

> "어느 날 공원에서 유리와 공을 갖고 놀고 있는데 3~4명의 남자들이 다가와 다짜고짜 공을 빼앗아 가는 거예요. 왜 공을 가져 가냐고 따지다가 언쟁이 시작됐고 급기야 건장한 남자들이 나를 발로 차고 때리는 거예요. 너무 분하고 억울했지만 아들까지 폭행을 당할까 겁이 나서 무조건 도망을 쳤지요. 비슷한 일들이 시시때때로 일어났어요."

언제 어디서 어떻게 생명을 위협받을지 모른다는 불안감과 두려움에 떨던 그녀는 마침내 러시아에서 탈출을 결심했다. 무비자로 입국할 수 있는 나라를 찾던 중 한국이 눈에 들어왔다. 유럽이 더 가깝지만 동구권 사람들을 은근히 비하하는 분위기가 싫었다. 더 결정적인 것은 아들 때문이었다. 2014년 여름에

휴가차 한국을 방문한 적이 있는데 지하철에서 사람들이 유리를 보고 예쁘다고 말한 덕에 유리가 매우 기뻐하며 한국을 좋아하게 된 것이다. 러시아에서는 어디를 가나 "왜 이런 (흑인) 남자애를 데려왔냐"는 말을 듣곤 했다. 그 때문에 유리는 스스로를 '원숭이' 같다고 생각하곤 했다.

"철들면서 유리가 인종차별을 알아채기 시작하더라고요. '엄마는 왜 나를 낳았냐?' '왜 나는 엄마처럼 백인이 아니냐'는 말을 해서 서로 부둥켜안고 많이 울었어요. 그러던 유리가 한국에서 '예쁘다'는 말을 듣고는 자신감을 얻는 눈치였어요. 아들을 안전한 곳으로 데려가는 것만이 내가 할 수 있는 일이라는 생각이 들어서 한국행을 결심했지요."

그녀는 소셜 네트워크 서비스를 통해 '한국에 거주하는 러시아인 커뮤니티' 페이지를 찾아 도움을 요청했고 마침 딸만 데리고 사는 한 러시아 여성을 온라인상에서 만났다. 그 여성이 자신의 방 하나를 빌려주겠다고 흔쾌히 나서자 올가 씨는 아들 유리의 손을 잡고 조국 땅 러시아를 등졌다.

한 평짜리 작은 공간

고맙게도 방을 빌려주겠다고 약속한 그 여성은 공항까지 마중을 나와 주었다. 아는 사람 하나 없는 이국땅에서 비빌 언덕이라고는 처음 만난 집주인뿐. 올가 씨는 그녀를 따라갔다.

그렇게 자리 잡은 곳이 이름하여 속칭 '해방촌'*. 서울시 용산구 용산2가동, 남산 자락 기슭이다. 1945년 해방 이후 북쪽에 사회주의 국가가 건설되자 재산을 빼앗기거나 종교 탄압을 받은 이들이 남쪽으로 내려와서 정착한 곳이라 해서 '해방촌'이 되었다. 판자나 마분지, 천막 조각, 미군 보급품 상자의 하꼬(상자 또는 궤짝이라는 뜻의 일본말)를 이어 얼기설기 집을 지어 살았는데 이름하여 '하꼬방'의 원조가 된 곳이다. 1960~1970년대 급격한 도시화 시기엔 가난한 지방민들이 돈과 일자리를 구하기 위해 모여들었고 2000년대 이후로는 청년층과 외국인들이 이곳을 삶의 터전으로 삼기 시작했다. 전셋값이 싼 데다 서울 도심에서 매우 가깝고 용산 미군기지와 이태원 근처라는 점이 이들을 끌어당긴 요소였다. 특히 동네 구멍가게만 가도 외국인을 위한 웬만한 생필품을 구할 수 있고, 대문을 열고 나서면 피부색과 언어가 다른 다양한 나라의 사람들이 활보하는 풍경과 문화를 접할 수 있어 더욱 외국인들을 모여들게 했다. 서울을 찾은 난민들도 알음알음 소문을 듣거나 아는 사람들을 따라 이곳에 왔다. 그래서 해방촌은 서울에서 난민들이 많이 사는 대표적인 곳이 되었다.

---

* 해방촌에 관한 내용은 해방촌 신택리지 팀(밀, 곰자, 윤자, 하람, 돌고래)이 작성하고 정민이 편집한 '용산2가동(해방촌)의 역사와 현황에 대한 대략적인 개괄'에서 인용했다.

한국에 오니 친구들의 놀림을 더 이상 받지 않아도 되고
길거리를 불안하게 걸어 다니지 않아도 돼서 좋다고 말하던 열한 살 소년.
그에게도 '방'이 아니라 '살 만한 집'은
마음속 깊이 감춰 두었던 간절한 소망이었다.

서울이 세계적인 도시가 되었다 해도 해방촌에는 해방 이후 삶의 흔적이 여전히 남아 있다. 산비탈에 동네가 만들어지면서 형성된 깎아지른 듯한 경사진 골목길은 해방촌의 상징적 풍경이다. 올가 씨가 살고 있는 집 또한 숨을 몰아쉬며 가파른 골목길을 한참이나 올라가야 했다. 자칫 뒤로 넘어질까 싶을 정도로 경사진 비탈길이었는데 그래도 두 모자는 가뿐하게 잘도 걸어갔다. 낡은 철제 대문을 열고 왼편으로 돌아 들어가자 집으로 들어가는 현관문이 보였다.

현관에 들어서니 바로 좁은 부엌 겸 마루가 있고, 냉장고와 작은 식탁, 부엌 집기 등이 비좁게 들어차 있었다. 가전제품은 물론 컵과 접시까지 모든 부엌 집기를 집주인에게 빌려서 사용하기 때문에 사실 올가 씨 모자母子의 것은 아무것도 없다. 방은 모두 세 개인데 이 중 올가 씨는 월세 20만 원에 제일 안쪽에 있는 단 1평짜리 작은 방 하나를 빌렸다. 햇빛이 아예 들지 않는 골방. 작은 창문이 있긴 하지만 옆 건물의 벽이 막고 있어 햇볕 한 줌 들어오지 않는다. 침대 하나와 간이 책상 겸 화장대, 간이용 옷장과 서랍장 하나를 놓으니 사람 하나 겨우 돌아설 공간 정도만 남았다. 숨이 턱 막혔다. 신변의 안전을 지키고 인간의 존엄을 보장받기 위해 정든 친지와 고향 땅을 떠나온 그들에게 허락된 곳은 최소한의 인간적인 삶을 살 수 있는 적절한 주거 공간과는 거리가 멀어도 한참 멀었다.

인터뷰 중에 아들 유리에게 혹시 갖고 싶은 것이 있냐고 물어보았는데 한참 뜸을 들이더니 "집"이라고 답한다. 장난감이나 책, 축구공 등을 예상했던 터라 머리를 한 대 얻어맞은 기분이었다. 한국에 오니 친구들의 놀림을 더 이상 받지 않아도 되고 길거리를 불안하게 걸어 다니지 않아도 돼서 좋다고 말하던 열한 살 소년. 그에게도 '방'이 아니라 '살 만한 집'은 마음속 깊이 감춰 두었던 간절한 소망이었다.

살 만한 집을 마련하는 것은 한국을 찾은 난민들 거의 대부분이 직면한 가장 힘든 문제 중의 하나다. 일단 공항에 내리면 물설고 낯선 이국땅 어디에 터를 잡아야 할지 너무도 막막하다. 가동할 수 있는 네트워크를 총동원해 동포나 친구, 지인 등에게 도움을 요청하며 매달리는데 그 경우 도와주는 이들이 안내하는 곳으로 가기 십상이다. 올가 씨가 그런 경우다.

한국에 사는 대부분의 난민들은 '점'처럼 흩어져 산다. 먹고살기 위해 일자리를 구하는 것이 무엇보다 중요하기 때문에 영세한 중소 규모의 공장이 많은 곳 주변에 집을 마련한다. 난민들이 대부분 수도권 인근 인천, 부평, 안산, 동두천, 의정부 등에 거주하고 있는 이유도 바로 이 때문이다. 지방보다 전월세비가 훨씬 비싸지만 생계를 위해서는 수도권이 유리하다. 복잡한 난민인정 심사나 한국 땅에 정착하는 과정에서 난민지원단체의 도움을 받기 위해서도 그렇다. 임대료는 비싸고 수도권에는 살아야 하니 타협책은 열악한 주거 환경을 감내하거나, 아니면 도심에서 멀리 떨어진 지하철 종점 인근에 사는 것이다.

실제로 인터뷰에 응한 난민의 대부분은 수도권 전철의 종점 부근에 살고 있었다. 일부 역의 경우는 지선으로 갈아타야 하거나, 배차 간격이 30분에 한 대씩이거나, 전철 운행이 빨리 끊어지는 경우도 있었다. 전월세비 부담을 줄이기 위해서는 출퇴근을 위해 장시간을 소요해야 하는 불편함과 고단한 일상을 몸으로 때우는 수밖에 없는 것이다.

인터뷰에 응했던 난민 여성 중 다수는 지하 또는 반지하에 살고 있었는데 관련 실태 조사도 이를 뒷받침하고 있다. 법무부의 2010년 조사 결과를 보면, 응답자의 3분의 1 이상이 방 하나를 여러 명이 사용하거나, 부엌이나 화장실을 공동으로 사용하거나, 지하 또는 반지하에 거주하는 것으로 조사됐다(김현미 외, 2010). 필자가 방문한 난민 여성들의 집은 영세한 소형 아파트도 있었지만 대부분 서울 외곽에 있는 연립주택이나 낡은 단독주택의 전셋집이었다. 보통은 보증금으로 일부를 내고 매월 임대료를 내는데 300만~1,000만 원 정도의 보증금에 월세는 20만~60만 원 사이다. 월세 없이 전세 2,000만 원으로 방 2개짜리 연립주택에 사는 가정도 있었는데, 한국에 온 지 17년이나 된 것을 감안하면 살 만한 집을 마련하는 것이 얼마나 힘든 일인지를 짐작케 한다.

난민들의 주거 양태와 관련해 눈에 띄는 현상 중 하나는 전월세로 빌린 집에서 방 하나를 또 다른 난민이나 외국인에게 재임대해 비용을 절감하는 형태다. 이른바 집을 쪼개 사는 것이다. 올가 씨가 사는 곳도 그런 집의 방을 하나 빌린 경우에 해당되며, 인터뷰한 난민 가정 중 세 가정이 친지나 자매 등에게 방을 임대하고 나머지 공간은 공유하고 있었다.

놀라운 사실은 한국에 사는 난민들과 이웃 주민과의 사이에 교류나 소통이 거의 없다는 것이다. 인터뷰에 응한 난민 여성 9명 가운데 한동네에 사는 한국인과 말이라도 주고받는 경우는 딱 한 가정뿐이었다. 그 외는 이웃과 완전히 단절되고 유리된 채 살고 있었다. 언어 문제가 크겠지만 집 구조도 한몫하는 듯했다. 여러 가구가 함께 사는 집이라 해도 다른 출입문을 이용하기 때문에 한편으론 사생활이 보호되지만 다른 한편으로는 사람들과 마주칠 기회 자체가 차단되는 것이다. 집 구조가 단절과 배제의 기제로 작동하는 셈이다. 여기에다 한국보다 못사는 나라 출신에 대한 비하나 인종적 편견이 직간접적으로 작용하면서 한국의 난민들은 고독한 유령처럼 살아간다. 사회적 동물인 인간이 사회적 관계 속에서 살지 못한다면 인간답게 산다고 말하기 어렵다. 더구나 난민의 경우 안정적인 삶의 뿌리를 내리기가 힘들다. 이웃 주민과의 소통과 교류는 한국에서의 체류 기간과 별 상관이 없다.

난민과의 소통과 교류가 없으니 결국 한국인의 난민에 대한 관심과 이해도 크게 나아지지 않는다. 난민 이웃이 살아가는 일상의 모습을 구체적으로 보고 느끼는 것은 난민도 자신과 별다를 바 없는 인간이란 점을 깨닫는 데 매우 중요하다. 멀리서

관망하거나 언론을 통해 정형화된 뉴스만 접할 경우 난민에 대한 편견과 오해만 쌓이기 십상이다. 한국에 사는 난민과 한국인 사이에 마음의 경계와 거리는 과연 어느 정도일까? 점처럼 존재하는 한국 속의 난민은 그 숫자가 늘어나면서 한국인과 그물망 같은 관계를 맺고 교류하면서 공존할 수 있을까? 한국이 첫 난민 신청을 받은 지 올해로 24년. 난민과 한국인의 삶이 서로 어떤 영향을 주고받으며 얼마나 닮아 가고 있는지 의문이다.

인색하기 짝이 없는 한국의 난민인정 심사

한국에서 뿌리를 내리고 살기 위해 우선적으로 해결되어야 할 문제는 난민으로 인정을 받는 것이다. 관광 비자로 입국했던 올가 씨는 한국에 온 지 약 열흘 만에 난민 신청을 했다. 서울시가 운영하는 외국인 글로벌센터와 난민지원 시민단체가 팔을 걷어붙이고 도와준 덕분이었다.

난민 신청을 한다고 해서 모두가 난민으로 인정받는 것은 물론 아니다. 한국은 난민인정 심사에서 매우 인색하고 문턱이 높은 나라로 손꼽힌다. 서구 선진국에 비해 10분의 1 정도에 불과한 난민인정율이 이를 입증한다. 한국의 난민인정율은 3퍼센트 수준이다. 공식적으로는 난민을 받아들일 문을 열었다고 하지만 사실은 보이지 않는 유리벽이 버티고 있는 셈이다.

"1차 난민인정 심사에서 난민으로 인정받지 못했어요. 눈앞이 캄캄하고 앞으로 어떻게 해야 할지…. (이 대목에서 그녀의 목소리가 심하게 떨리고 눈가가 붉어졌다.) 한국의 법무부가 난민으로 인정받지 못했다는 통지서를 보내 줬는데 너무 간단하고 추상적이어서 도대체 무엇이 문제였는지도 알 수 없어요. 상세하고 친절하게 설명을 해줘야 이의 신청을 할 때 보완이라도 할 것 아닌가요?"

난민인정 심사는 4시간 정도 진행됐다. 올가 씨는 "담당 공무원이 내가 거짓말을 하는지 아닌지 그 여부만 추궁하려는 것 같았다"며 "똑같은 질문을 1~2시간마다 반복해서 물어보는 바람에 한 마디라도 앞의 대답과 다를까 봐 조바심을 쳤다"고 말했다. 난민의 특성 상 난민인정 여부는 박해에 대한 개인적인 진술에 의존해 판단하는 경우가 많다. 때문에 신청자의 진술은 일관성과 정확성, 신뢰성이 중요한데, 배타적이고 부정적인 면접 분위기에서는 제대로 답변하기가 힘들다. 특히 자국에서의 박해 경험 때문에 국가 권력에 대한 두려움이 크다 보니 심사위원이 고압적인 모습을 보이면 부들부들 떨다 걷잡을 수 없이 무너지는 신청자도 있다. 최대한 부드러운 태도로 배려해야 하지만 심사 현장은 불친절할 뿐만 아니라 심한 경우 죄인 다루듯 막말이 난무할 때도 있다. 무례한 태도는 난민 신청자에게 위협으로 느껴져 그들을 더욱 위축시킨다. 영상 녹화 시스템이 도입되면서 난민 신청자에 대한 모욕과 막말은 많이 줄어들었지만 영상 녹화를 하지 않는 경우도 많다.

담당 공무원들의 이런 태도는 두 가지 문제, 즉 난민 심사 제도와 난민에 대한 한국 정부의 근원적인 인식에서 비롯된다. 한국에서의 난민 심사는 법무부 산하의 출입국관리소 소관이다. 출입국관리소는 말 그대로 외국인에 대한 단속과 추방 등 관리를 주 업무로 한다. 그러다 보니 난민제도를 악용하는 외국인을 '걸러 내는 데' 주력한다. 난민 신청 과정이 체류 연장이나 안보 위협 세력의 유입 수단으로 악용될 가능성 여부를 먼저 살피게 되는 것이다. 가능한 난민으로 인정하고 구성원으로서 사회에 통합하려는 노력은 기대하기 어렵다. 난민 심사 업무를 법무부로부터 분리해 외교부나 행안부가 담당해야 한다는 목소리가 나오는 것도 이런 이유 때문이다.

난민을 불쌍하지만 짐이 되는 부담스런 존재이자 시혜의 대상으로 간주하는가, 아니면 인권의 주체인 존엄한 존재로 볼 것인가에 대한 근원적인 인식의 차이도 난민 심사에 중요하게 작용한다. 두 가지 다른 시각에 대해서는 깊은 성찰과 사회적 논의가 필요하다. 국제 정치의 현실에서는 난민인정과 처우에 관대한 국가에 난민이 몰려 지나친 부담이 되기도 한다. 그러다 보니 난민 신청자들이 처한 고통스런 상황과 기본적인 인권을 보장하는 일은 소홀해진다. 난민을 도움이 필요한 부담스런 존재로 여길 경우 난민 심사 과정은 엄격하고 불친절해질 수밖에 없다. 반면 난민 신청자의 존엄한 생존권을 보살피는데 중

점을 두면 그들의 말에 귀를 기울이고 충분히 말할 수 있는 여건과 환경을 마련하는 일에 힘을 쏟게 된다.

난민 신청자들의 의사소통할 권리는 심사 과정에서 매우 중요하다. 자신의 상황을 입증할 자료가 대체로 부족하기 때문에 구두로 잘 설명해야 한다. 또한 자신의 심정을 제대로 표출하려면 모국어를 사용해야 하는데 이를 위해서는 다양한 언어 통역이 뒷받침되어야 한다. 하지만 난민 신청자들은 통역인의 전문성이 낮아 출신 국가나 민족의 문화적 감수성과 문화권의 독특한 표현이 전달되기 어렵고 정확성이 떨어지는 경우도 많다고 주장한다. 올가 씨는 "면담이 끝난 뒤 진술서를 확인해 보니 스웨덴이 스위스로 잘못 적혀 있고, 박해 사실 또한 엉터리로 통역한 것을 발견하고 정정을 요청했지만 결국 수정되지 않았다"고 속상해했다. 한번 잘못 입력된 사실은 이후 난민인정 소송 과정에서 진술의 일관성이나 신뢰성이 떨어지는 요인으로 작용하기 때문이다.

1차 난민인정 심사에서 탈락한 지 한 달 후 올가 씨는 1차 심사 결과에 대한 이의 신청을 제기했다. 이의 신청은 난민심사위원회가 하는데 워낙 심사 건수가 많다 보니 한 번에 수백 건씩 처리한다. 혹시나 이번에도 난민으로 인정받지 못할까 봐 그 결과를 기다리는 올가 씨는 가슴이 타들어 간다. 한국 사회도 인종차별이 적지 않다고 얘기하니 "러시아처럼 폭행을 하거나 죽이지는 않지 않냐"며 "난민으로 인정받고 못 받고는 생존의 문제"라고 말했다.

고단한 삶, 불확실한 삶

올가 씨는 "비록 난민인정은 못 받았지만 한국에서의 삶은 살 만하다"고 말했다. 러시아에서 모아 둔 돈을 아껴 쓰고 있어서 아직은 경제적으로 걱정할 상황은 아니다. 틈틈이 속눈썹 연장 시술을 하는데 고객이 찾으면 안산이나 인천 등지까지 출장도 간다. 영화 또는 드라마 제작의 엑스트라 배우로도 활동해 생활비에 보탠다. 이렇게 닥치는 대로 아르바이트를 하면 들쭉날쭉한 벌이지만 매달 50만~60만 원 정도는 번다. 아들의 방학 기간 중에는 난민지원단체가 실시하는 한국어 교실에도 열심히 다닐 계획이다. 한국에 뿌리를 내리기 위해서는 한국어 학습이 필수적이다. 괜찮은 직장을 잡기 위해서도 그렇다. 하지만 난민지원단체가 너무 멀리 떨어져 있어 지하철을 갈아타고 다니는 일이 쉽지만은 않다.

아들 유리가 학교에 잘 적응하고 즐겁게 지내는 일은 어떤 어려움을 상쇄하고도 남을 만큼 행복한 일이다. 유리는 학교 방과 후 교실에서 한국어를 배우거나 농구반에도 가입해 잘 지내고 있다. 다행스럽게도 아직까지는 인종차별을 당한 경험은 없다. 가정통신문이 영어로도 제공되어 큰 어려움이 없다. 한국어로 제공될 때는 구글 번역기를 이용하거나 방과 후 교실 선생님께 물어 해결한다. 올가 씨의 영어 실력 덕분이다.

하지만 그렇다고 어려움이 없을 리 없다. 난민 신청자로서는 해결할 수 없는 일을 사회가 요구할 때다.

"일 때문에 아들보다 집에 늦게 들어갈 때면 유리의 행방이 항상 걱정스러워요. 휴대폰에 아이들의 위치를 알려 주는 서비스가 있다는 것을 알게 돼서 통신사 서비스 센터를 찾아갔어요. 그런데 신청하려면 가족관계증명서와 아들 이름으로 된 은행 계좌가 있어야 한다는 거예요. 구청에 가족관계증명서 발급을 요청했더니 출입국관리사무소로 가라고 하더라고요. 그래서 버스를 몇 번이나 갈아나고 출입국관리사무소를 찾아갔더니 그곳에서는 유리의 출생증명서로 대체 가능하다고 하는 거예요. 다시 통신사 서비스 센터에 갔더니 가족관계증명서만 유효하다며 끝까지 서비스 신청을 받아 주지 않더라고요. 아들이 미성년자라 은행 계좌가 개설되지 않는다고 사정했지만 서비스 센터는 무조건 안 된다고 했어요. 구비 서류를 구할 수 없는데 무조건 가져오라고 하니 납득하기 힘들지요."

인터뷰 내내 올가 씨는 많이 울었다. 아이 얘기가 나오면 울고, 박해 받았던 기억을 떠올리며 울고, 난민 심사 과정에서 이해되지 않고 억울했던 상황을 얘기할 때도 울었다. 하지만 다른 이야기를 할 때는 당당하고 힘이 있었다. 영어도 유창하게 구사했다. 삶에 대한 좌절이나 자포자기 같은 일은 없었다. 한국 땅에 와서 열흘 만에 난민 신청을 할 수 있을 정도로 처음부터 지금까지 올가 씨는 적극적이고 능력 있는 여성으로 살고 있다. 현재 자신의 능력과 무관하게 눈썹 연장술이나 드라마의 엑스트라 출연으로 생계를 해결하고 있지만 그래도 자포자기하지 않았다. 더 열심히, 더 노력해서 만약 난민으로 인정받지 못할 경우에 대한 다른 자구책도 구상 중이다. 사업을 하든지 학교에 다니든지, 어떻게든 아들과 이곳에서 행복하게 살고 싶을 뿐이다. 그녀의 바람이 지나친 걸까? 소박하고 작은 그 소망이 좌절된다면 그건 너무 무자비한 것이 아닌가?

현실을 따져 보면 안타까운 마음이 들지만, 그 와중에도 마음 한편에 다행이라는 안도감이 드는 것은 순전히 올가 씨에게서 전해지는 삶을 향한 에너지 때문이리라. 앞으로도 올가 씨는 열심히 자신의 방식대로 당당하게 삶을 이끌어 갈 것이다. 그녀를 만나고 돌아가는 길, "꼴찌에게 박수를"이란 말을 선사하고 싶었다. 싱글맘 올가 씨에게 박수를!

3장

부당노동 피해자 난민 되기

코트디부아르 출신 **아만**

어이없는 인종차별과 한국 땅에서의 박해

한 치 앞을 모르는 게 인생인가? 무심코 살다 어느 날 갑자기 돌부리에 채여 고꾸라지기도 하는 것이 인생인가? 인생에서 기회는 우연히 찾아온다고 하지만 불행 또한 예기치 않게 밀어닥친다. 아만(36세) 씨의 인생이 그러했다.

15년 전 아만 씨가 한국에 올 때만 해도 그녀는 조국인 아프리카의 코트디부아르에서 제법 잘나가는 전통 무용수였다. 그때 나이 스물한 살. 화려한 미모도, 미래에 대한 꿈과 설렘도 한창 피어나던 시절이었다. 2002년 5월경 그녀는 친지와 이웃의 부러움을 한 몸에 받으며 동료 무용수 9명과 함께 한국 땅을 밟았다. 당시 아만 씨는 이미 결혼한 상태였고 품에서 떼어

놓기 어려운 두 살, 다섯 살짜리 아이들을 친정엄마에게 맡겨야 했다. 발길이 떨어지지 않았지만 미래를 위해 조금만 참자고 다짐하며 눈물도 꾹 참았다.

한국 방문은 전통 아프리카 춤을 선보이는 공연 때문이었는데 계기는 이랬다. 당시 한국의 한 방송사가 지구촌 곳곳을 방문해 현지의 독특한 문화와 이색 직업 세계를 체험하는 프로그램을 방영했다. 그중 하나로 아만 씨가 속해 있던 코트디부아르 전통예술공연단에서 전통 춤을 배우는 과정이 전파를 탔고 그 일 덕분에 아만 씨 일행이 갑자기 유명해졌다. 그 후 한국의 한 기획사가 한국에서 공연을 하자고 제안해 왔다. 신이 났다. 아프리카 전통 춤을 전파하는 일도, 88올림픽의 나라 한국에 가보는 것도, 그리고 돈을 모아 가족이 행복하게 살 수 있는 기반을 마련하는 것도 모두 기회이자 행운으로 여겨졌다. 프랑스나 독일 등에서 해외 공연을 한 적은 있었지만 꼬박 이틀 동안 비행기를 타고 가야 하는 한국에서 장기간 공연을 하는 일은 상상도 해보지 못한 가슴 설레는 일이었다.

그런데 한국에 와보니 현실은 기가 막혔다. 우선 약속했던 월급을 제대로 주지 않았다. 입국하자마자 공연을 시작했는데 하루도 쉬지 않고 일한 대가로 받은 첫 월급이 고작 4만 7,000원이었다.

"당초엔 하루 8시간 일하고 매달 2백 달러(한화 20만 원)를 받기로 했거든요. 그런데 이런저런 이유를 들면서 돈을 떼갔고 가는 거예요. 몸이 아파서 하루 쉬거나 청소를 안 했다고 월급에서 5달러, 10달러씩 돈을 공제했어요. 심지어 테이블을 치우다가 컵을 두고 갔다고 5달러를 떼가기도 하고요. 어이없는 일이었지만 처음에는 제대로 항의도 못했지요."

아만 씨와 동료들은 당시 경기도 남양주에 있던 아프리카 빌리지에서 공연을 했는데 실력이 좋은 데다 입소문이 나면서 외부 공연을 할 기회가 많았다. 하지만 수백만 원에서 1,000만 원이나 되는 추가 수입은 모두 사장의 주머니로 들어갔다. 아만 씨 등 단원들은 한 푼도 못 받을 때가 많았다. 어떤 때는 수당이라며 고작 1달러를 줬는데 놀리는 것만 같아 심한 모욕감을 느꼈다.

그뿐만이 아니었다. 무용수들은 온갖 잡일을 도맡아 해야 했다. 공연을 하지 않을 때는 관광객들에게 판매할 코트디부아르 전통 음식을 만들어야 했고 식당에서 음식을 나르고 청소하는 일도 했다. 남자 무용수들은 잡역부처럼 풀 뽑기를 비롯해 산으로 올라가는 계단 만들기, 무거운 조각품을 운반해 설치하거나 포장하는 일을 해야 했다. 일이 고되기도 했지만 무엇보다 참을 수 없는 것은 전혀 사람대접을 해주지 않는 것이었다.

"꼭 노예 부리듯이 했어요. 숙소는 난방이 안 되고 수돗물도 안 나오고 집안 곳곳에서 곰팡이 냄새가 진동을 해서 잠을 제대로 잘 수가 없을 정도였어요. 화장실도 제대로 없고…. 냄새난다고 식당에서 식사도 못하게 하고…. 우릴 사람 취급하지 않는구나 싶었어요. 그래서 본국으로 돌아가겠다고 했더니 알아서 비행기 표 끊어서 가라고 하더라고요. 아프리카에서 왔다고 우리를 막 대하는구나 싶었지요."

순둥이처럼 좋은 게 좋은 거라 생각하고 따지거나 항의하지 않고 지내던 이들도 너무도 부당한 일들이 이어지자 마침내 집단행동에 들어갔다. 약속대로 임금을 주고, 부당한 노동은 중지하며, 휴일을 달라고 했다. 사장은 되레 숙소를 폐쇄하면서 이들을 압박했지만 사흘을 집 바깥에서 빵으로 때우며 버텨 냈다. 결국 공연은 재개됐지만 사정은 전혀 달라지지 않았다.

아만 씨 일행은 어느 날 공연 갔다가 친해진 한국 무용수 친구에게 속사정을 털어놓았다. 그 친구가 이주 노동자를 도와주는 인권단체에 제보를 하면서 공동대책위원회가 꾸려지고 언론에 대대적으로 보도되는 사태로 번져 갔다. 그러나 한국인 고용주는 반성의 기미가 전혀 없이 시민단체는 물론 언론사까지 업무방해 및 명예훼손 등으로 고발하고 공연 단원들까지 고소했다. 수차례 쌍방 고소가 오가고 지루한 법적 공방이 이어졌다. 처음 1년간은 시민단체의 사무실에서 전체 무용단원이 기거하면서 힘겨운 싸움을 견뎌 냈다. 인권단체 활동가들의 헌신적인 뒷받침이 있었지만 그래도 이국땅에서 당하는 인종차별과 무시와 편견은 견디기 힘들었다.

내전에 휩싸인 고국, 하루아침에 부평초 신세로

불행은 겹쳐서 온다고 했던가. 한국 땅에 발을 디딘 지 3개월쯤 됐을 때였다. 희망에 부풀어 한국 땅을 밟았으나 어이없는 부당 노동과 인권유린을 겪으면서 심각하게 귀국을 고민하던 때였다. 아만 씨에게 날벼락 같은 놀라운 외신이 전해졌다. 조국 코트디부아르에 내전이 발생했다는 것이었다. 가슴이 쿵 내려앉으면서 뭔가 불길한 예감이 들었다. 동료들과 함께 부둥켜안고 조국과 자신들의 앞날을 걱정했지만 그때만 해도 조국의 지구 반대편에서 14년간이나 떠돌 줄은 꿈에도 몰랐다. 전쟁은 아만 씨의 삶의 궤도를 바꾸어 놓았다.

아만 씨의 조국 코트디부아르는 오랜 프랑스 식민지를 겪은 뒤 1960년 독립했다. 초대 대통령 펠릭스 우푸에 부아니Félix Houphouët-Boigny는 독립 후 바로 집권한 뒤 연평균 8퍼센트라는 높은 경제성장을 주도하며 사망 전까지 무려 33년간이나 나라를 통치했다. 이 같은 초고속 경제성장이 가능했던 것은 초콜릿의 주원료가 되는 카카오 생산 덕분이라 해도 과언이 아니다. 코트디부아르는 전 세계 카카오 생산량의 40퍼센트를 차지할 정도로 카카오의 주요 생산국이었다. 하지만 1차 산업에 기반을 둔 경제는 예측하기 어려운 국제가격의 변동이나 가뭄과 같은 자연 조건에 따라 그 성장세가 크게 좌우되기 십상이다. 1980년대 이후 자유화와 개방화 바람이 불면서 유럽의 카카오 시장을 독점할 수 없게 되자 코트디부아르는 경제적으로 큰 타격을 입는다. 이 같은 경제 불안은 종족 및 지역, 종교 간 갈등에 불을 지피게 되는 등 정치적으로 큰 혼란을 낳고 말았다.

또한 카카오 생산 시스템 이면에는 아동 노동 착취와 코트디부아르에 인접한 가난한 이웃 나라의 청소년 인신매매와 같은 어두운 그늘이 숨겨져 있었다(오프, 2011). 즉 15세 미만 어린이들이 카카오 열매를 따기 위해 하루 12~15시간씩 고된 노동에 혹사당했는데 이 중 다수가 이웃 나라 말리와 부르키나파소 등에서 넘어온 청소년들이었다. 이들은 가난하고 배고픈 조국을 떠나 돈을 벌려고 코트디부아르로 왔지만, 일거리 알선을 미끼로 유혹하는 인신매매단의 꾐에 빠져 카카오 농장주에게 넘겨졌다. 카카오 생산으로 인한 아동 노동자들의 인권유린은 국제적으로 큰 문제가 되곤 하지만 카카오 생산을 중지하면 400만 명 이상의 실업자가 발생할 뿐만 아니라 독재자와 그 측근들의 막대한 이익 횡령 등이 얽혀 있어 문제제기를 하려면 목숨을 내놓고 해야 한다는 말이 나올 정도로 심각한 상황이었다.

코트디부아르는 초대 대통령의 장기 집권이 끝난 이후 권력 장악을 둘러싸고 여러 차례에 걸쳐 정치적으로 긴 혼란 상태를 겪는다. 시위와 보복 공격으로 크고 작은 분쟁이 끊이지 않았으며 수많은 인명 피해가 났다. 결국 2002년 9월 군부 쿠데

타가 발생하고 그해 말에는 내전으로까지 번지고 만다. 내전은 북쪽의 이슬람 반군 세력과 남쪽의 기독교 정부 세력이 대립하며 종교 간, 지역 간 분쟁이 되었으며, 인근 국가(부르키나파소)의 지원을 받는 등 복잡한 양상으로 전개됐다. 전쟁은 권력자들이 일으키지만 그로 인한 고통은 힘없는 국민들이 당하기 마련이다. 반군과 정부군은 모두 카카오로 얻은 수익을 고스란히 무기를 사는 데 사용했는데 이를 두고 '피의 초콜릿Blood Chocolate'*이라 했다.

2002년 시작된 코트디부아르의 내전은 2007년까지 이어지고, 이후 2010~2011년 또다시 2차 내전이 발생했다. 아만 씨와 그 일행들은 한순간 돌아갈 곳이 없는 지구상의 떠돌이 신세가 되고 만 것이다. 종족·지역·종교적 대립 양상을 띤 전쟁 때문에 조국으로 돌아갈 수도 없는 데다, 다른 한편 한국에서는 최소한의 인간적 삶조차 보장해 주지 않는 인권유린 상황에 빠져버린 것이었다. 어느 것 하나도 아만 씨가 선택한 것이 아니었지만 삶의 돌부리는 아만 씨의 인생을 고꾸라트렸다.

코트디부아르가 내전을 겪는 사이 아만 씨 일행은 한국인 고

---

* 영국의 민간단체 '세계의 증인(Global Witness)'은 2007년 코트디부아르 정부군이 카카오 생산 이익 가운데 약 350억 원을, 반군 세력은 카카오 거래의 세금으로 약 276억 원 가량을 걷어 전쟁 비용으로 사용했다는 내용의 보고서를 냈다. '세계의 증인'은 카카오가 내전 자금줄이 되는 것을 빗대 '피의 초콜릿'이라고 명명했다. "너무나 입에 쓴… '피의 초콜릿'", 동아일보, 2007.07.07.

용주와 또 다른 전쟁을 해나갔다. 언론을 통한 사회적 고발에도 불구하고 상황은 조금도 나아지지 않았고 결국 얽히고설킨 맞고소와 송사로 아만 씨 일행은 더욱 힘들어졌다. 그나마 이주 관련 인권단체들이 열심히 도와준 덕분에 한국 생활을 이어갈 수 있었다. 무용단 일행은 교통비라도 마련하기 위해 짬짬이 자체적으로 공연을 했는데 고용주는 공연법 위반, NGO모금법 위반 등으로 사사건건 고소를 하며 방해했다. 경제적으로 어려우면 오래 못 버틸 것이라 판단한 듯했다. 그 와중에 일행 중 아만 씨와 현재 남편인 무용수 도널드(35세) 씨만 남고 나머지 8명은 독일로 갔다. 그들은 난민 신청을 했고 모두 받아들여졌다고 한다.

15년간 진행 중인 난민인정 심사

아만 씨와 아만 씨 남편도 2003년 한국에서 난민인정 심사를 청구했다. 한국인 고용주와 소송에 들어가면서 무료 변론을 맡은 변호사가 도와주었다. 그때만 해도 고국이 내전 상태에 있으니 쉽사리 난민으로 인정을 받으리라 예상했다. 아만 씨처럼 본국을 떠날 때는 난민이 아니었는데 그 후 본국 상황이 달라져서 돌아갈 경우 박해받을 가능성이 있으면 난민 요건이 성립된다.

이 같은 경우를 '체재 중 난민refuge sur place'이라고 하는데 상대성이론으로 유명한 아인슈타인이 대표적인 '체재 중 난민'이다. 아인슈타인이 미국을 방문 중일 때 히틀러가 정권을 잡고 나치즘과 반유대주의가 확산되자 그는 독일로 돌아가지 않았다. 독일에서 유대인에 대한 박해가 대대적으로 시작되자 생명의 위협을 느끼고 미국에 남은 것이다. 독일에 있던 아인슈타인의 책은 불살라지고 그는 나치 정권에 의해 국가모반죄로 정죄를 당했다. 이후 아인슈타인은 미국에서 난민으로 인정되고 미국 시민권을 획득해 프린스턴 대학 교수로 활동하면서 난민을 돕는 일에 발 벗고 나서기도 했다. 전 세계 난민을 위한 유엔난민기구는 아인슈타인의 얼굴 사진과 함께 "아인슈타인도 난민이었습니다(Einstein was a refugee)"이란 글귀가 새겨진 티셔츠와 포스터를 대량으로 제작해 난민 캠페인에 사용하고 있다.

그러나 안타깝게도 아만 씨 부부는 아직 난민인정 심사를 통과하지 못했다. 그리고 난민인정 심사 과정은 끝이 보이지 않는 지긋지긋한 전쟁처럼 지난 14년간 아만 씨 부부를 어디도 뿌리내리지 못한 채 부유浮遊하는 삶을 살게 했다. 한국의 난민인정 심사 과정은 인정률이 낮아 문턱이 높기로도 유명하지만, 심사하는 데 시간이 오래 걸리는 것으로도 악명이 높다.

심사 과정은 이렇다. 난민인정 신청서를 접수하면 출입국관리소 공무원의 면담과 사실 조사 및 심사 과정을 거쳐 인정 여부가 결정된다. 이때 난민으로 인정받지 못하면 30일 이내에 이의 신청을 할 수 있으며 난민인정위원회의 심의를 거쳐 난민인정 여부가 재결정된다. 하지만 또다시 탈락하면 행정법원에 소송을 제기해 3심의 대법원 소송까지 간다. 이러한 과정을 거치는데 걸리는 시간이 보통 3~4년, 길게는 5~6년도 걸린다.

아만 씨 부부는 이 같은 과정을 두 번 거쳤고 현재 세 번째 난민인정 심사를 청구한 상태다. 심사에서 탈락한 모든 신청자에게 여러 차례의 심사 청구가 허용되는 것은 아니지만 아만 씨 부부의 경우는 예외적으로 허용이 됐다. 난민인정 심사를 받는 긴 세월 동안 3개월에 한 번씩 비자를 갱신해야 하는 불편을 감수하고 있다. 그 성가신 일을 어떻게 하고 있냐고 하니 "난민으로 인정받지 못할까 봐 걱정"이라며 불만과 불평을 입 밖에 내지 않으려 했다.

삶은 불안정했고 한 치 앞도 기약할 수 없었지만 아만 씨는 열심히 살았다. 부평초 같은 인생이 기우뚱거리면서도 방향을 잃지 않은 것은 아만 씨의 다부진 삶의 태도 덕분이리라. 여기에 아프리카 여성 특유의 긍정적이고 낙관적인 인생관도 주어진 환경과 여건을 묵묵히 받아들이고 재출발하는 데 한몫한 듯했다. 한국에 남은 아만 씨와 도널드 씨는 서로에게 버팀목이 되다 자연스레 부부의 연을 맺었다. 2006년 큰아들 다니엘(12세)을 낳았고, 이후 딸 리사(6세)와 둘째 아들 유진(4세)이도 낳았다. 남편은 아프리카 무용 공연을 직접 하거나 기획하는 일을 계속하고 있고 아이를 낳은 뒤 몸이 무거워진 아만 씨는 레게 머리 땋는 일로 생활비를 보탠다. 몇 년 전부터 국제아동단체인 세이브더칠드런이 다니엘과 리사 앞으로 매월 학비와 어린이집 비용으로 각각 10만 원씩을 지원해 주고 있어 그것도 보탬이 된다.

아만 씨 가족은 서울 용산구 보광동에서 보증금 500만 원에 월세 65만 원짜리 집에 살고 있었다. 인터뷰를 위해 아만 씨 집을 방문했는데, 방 세 칸짜리 집에 사람들이 바글바글했다. 아만 씨의 자녀만도 셋이나 되는 데다 그녀의 여동생이 낮 시간에 돌봐 주는 갓난아이 셋과 아만 씨 여동생 자녀까지 더해져서 방이고 마루고 아이들이 가득했다. 게다가 워낙에 아만 씨가 사람을 좋아하다 보니 이웃에 사는 아프리카 친구들은 그녀의 집을 사랑방처럼 이용한다.

좁은 집에 많은 식구가 살아서 그런지 아만 씨 집안은 제대로 정돈된 게 없었다. 부부 방에는 침대와 작은 화장대가 있고 옷이 가득 걸린 작은 간이용 행거가 한쪽을 차지하고 있었다. 특이한 점은 부부의 신발이 가득한 신발장이 한 벽면을 차지하고 있다는 것. 화려한 색깔의 하이힐도 몇 개 눈에 띄었는데 꿈도 외모도 화려했던 무용수 시절에 신던 것 같았다. 그리고 큰 여행용 가방 3개가 아무렇게나 놓여 있었는데 언제 짐 싸서 떠나야 할지 모르는 아만 씨 가족의 처지를 상징하는 듯해서 보는 이의 마음을 짠하게 했다.

불투명한 아이들의 미래

인터뷰 초반에 아만 씨의 태도는 좀 시큰둥했다. 그도 그럴 것이 아프리카 무용단 시절을 회고해도, 일자리 얘기를 해도, 이사 다닌 얘기를 해도, 난민인정 심사에 대해 얘기해도 즐거울 게 없었다. 질문을 하면 자주 웃었는데 말하고 싶지 않은 심정을 웃음으로 대신하는 듯했다.

아만: 한국인과의 의사소통 문제, 일자리 찾기, 아이들 키우기, 집 구하기, 모두 어렵다(한숨과 함께 웃음).
질문: 어떻게 해결해 왔나?
아만: 해결책이 없다. 돈이 있으면 그나마 헤쳐 나갈 텐데…. 돈이 없으니 더 어렵고 방법이 없다.
질문: 그중 제일 힘든 점은?
아만: 우리 아이들의 미래가 보이지 않는다는 것이다. 아이들이 꿈을 이루도록 잘 키워야 하는데…. 아이들이 곧 나의 삶이다. 애들이 한국에서 살기를 원하는데 (허황한 웃음) 심경이 복잡하다. 언제 코트디부아르로 쫓겨 갈지 모르니 불어도 가르쳐야 하는데(코트디부아르는 불어를 사용한다)…. 큰아이가 불어로 말은 해도 체계적으로 배운 적이 없다. 학원에 보내고 싶어도 너무 비싸서 엄두가 안 난다.

아이들 얘기가 나오면서 아만 씨가 말이 많아지고 목소리가 커지기 시작했다. 초등학교 고학년인 큰아들 다니엘은 한국어, 영어, 불어 등 3개 국어를 할 줄 안다. 한국어로 말은 잘하는데 쓰기에는 어려움을 느낀다. 엄마 아만 씨는 다니엘이 언어 재능을 살려 국제학교 선생님이 되기를 바라고 있다. 무리를 해서라도 프랑스 학교에 보내고 싶지만 장학금을 받아도 연 600만 원이 넘는 학비를 감당할 길이 없어 무력감을 느낀다.

그래도 아만 씨는 다니엘을 잘 키우고 싶은 꿈을 포기하지 않는다. 현실은 암담하고 고달프지만 그런 꿈이라도 없으면 운명에 무릎을 꿇는 것 같아서다. 당대에 희망을 찾기 어렵다는 것을 잘 아는 부모는 자식에게서 미래를 찾는다. 자식 교육에 목숨을 거는 한국 부모들처럼 아만 씨도 아이들의 교육이 무엇보다도 우선이다. 그녀는 한국 사회에서 살아남는 길은 공부를 잘해 전문직을 갖는 것이라 생각한다. 한국 사회에 인종차별이 엄청나지만 전문가로서 살아가면 그 차별이 줄어들고 무시당하지 않고 살 수 있을 거라 생각한다. 그러면서도 다른 한편 시간이 갈수록 미래가 너무나 한정되어 있음을 인정하지 않을 수 없어 가슴이 답답하다.

엄마의 이런 마음을 다니엘이 아는지는 모르겠다. 다니엘은 요즘 게임에 몰두해 있고 방과 후에도 집으로 바로 안 오고 어딜 다니는지 자세히 얘기도 하지 않는다. 학교 공부는 갈수록 어려운데 부모에게 물어봐야 도움이 안 되니 다니엘로서도 답답할 것이다. 수학은 부모가 도와줄 수 있지만, 국어나 사회 과목은 한국어가 서툰 부모가 오히려 다니엘에게 배워야 될 판이다. 부모와 다니엘의 관계가 알게 모르게 점차 소원해지는 것은 갑갑한 현실에 대한 다니엘의 어렴풋한 자각에서 비롯된 게 아닐지 모르겠다. 다니엘은 과연 앞으로 누구에게 마음의 끈을 붙들어 매고 살아갈까? 사람은 암담한 상황에 놓여도 자신을 믿어 주고 지원해 주는 사람 1~2명만 있으면 쉽게 삶을 포기하지 않는다. 아직 어린 다니엘이 현실에 주눅 들지 않고 미래를 향해 발걸음을 내딛는 힘을 과연 어디서 누구로부터 얻을 수 있을까? 아만 씨와 다니엘이 던지는 이 질문에 우리 사회는 어떤 대답을 갖고 있을까?

그림자처럼 살아야 하는 무국적자 세 아이

아만 씨는 한국에서 세 남매를 낳고 키우는 과정에서 인권단체와 난민지원단체로부터 큰 힘을 얻고 지지를 받았다. 그나마 여기까지 온 것도 인권 활동가들의 노력과 지지 덕분이라 생각하고 고마워한다. 하지만 일상에서 겪는 무수한 외국인 차별과 인종차별은 미래를 향해 나아가려는 이 가족들의 힘과 용기를 꺾어 놓곤 한다.

다니엘의 초등학교 입학도 그랬다. 집 가까이에 초등학교가 있었는데 다니엘의 입학에 대해 재량권을 가진 이 학교의 교장선생님이 넌지시 거절했다. 받아 줄 수는 있지만 그보다 다른 학교를 한번 알아보라고 했다. 결국 집에서 30분 이상 떨어진 학교의 입학 허락을 겨우 받아 학교를 다닐 수 있었다. 다행히 성격이 좋은 편인 다니엘은 학교생활에 잘 적응했다. 한국 친

아만 씨는 다니엘을 잘 키우고 싶은 꿈을 포기하지 않는다.
현실은 암담하고 고달프지만
그런 꿈이라도 없으면 운명에 무릎을 꿇는 것 같아서다.
그녀는 한국 사회에서 살아남는 길은 공부를 잘해
전문직을 갖는 것이라 생각한다.
그러면서도 다른 한편 시간이 갈수록 미래가 너무나
한정되어 있음을 인정하지 않을 수 없어 가슴이 답답하다.

구도 잘 사귀어서 집으로 찾아오는 친구들도 많다. 이런 아이가 학교에 다니는 게 무슨 문제가 있다고 입학을 꺼려 했는지 아만 씨는 한국의 어른들이 잘 이해되지 않는다.

리사가 유치원에 들어갈 때도 자리가 없다며 거절당했다. 빈자리가 나면 연락하겠다고 했지만 결국 그 유치원에서는 연락이 오지 않았다. 아만 씨가 다시 전화를 하고 2년 이상을 기다린 끝에 겨우 유치원에 들어갔는데 아만 씨는 그 또한 암묵적인 인종차별의 결과라고 생각한다. 한국 아이들도 유치원이나 어린이집에 들어가려면 오랜 시간을 기다려야 한다고 말해도 아만 씨는 별로 신뢰하지 않는 눈치였다. 진실 여부와 무관하게 다니엘의 입학 과정과 자신의 취업 과정에서 겪었던 검은 피부에 대한 한국인의 편견과 모욕이 아만 씨의 마음속 깊이 박혀 버렸다.

"일자리를 구하러 가면 '외국인은 필요 없다'고 말해요. 그래도 물러서지 않고 한두 마디 더 하면 이번에는 '흑인은 안 돼요'라고 대놓고 말하지요. 좋은 기억이 별로 없어서 얘기하고 싶지 않은데 그래도 옛날에 비해 요즘은 인식이 많이 좋아졌어요. 난민들에게 한국은 기본적인 인권도 보장하지 않아요. 한국이 잘 살기는 하지만 인권의식은 취약한 것 같아요. 사람들에게 인권 교육이 필요하다고 생각해요."

그녀는 '인권'과 '인권교육'을 거론하면서 기회가 주어진다면 변호사가 되는 게 꿈이라고 했다. 일일이 말하지는 않았지만 아만 씨와 그 가족이 한국에서 겪은 차별과 모욕과 멸시와 동정 등이 얼마나 그녀 가슴 깊은 곳까지 상처를 줬는지 짐작이 갔다.

그런데 다니엘의 학교 입학과 관련해서는 인종차별 문제만이 아니라 또 다른 제도적인 문제가 도사리고 있다. 출생등록과 국적의 문제다. 한국에서 태어난 난민 가정의 자녀들은 언제 어디서 태어났다는 기록이 없이 살아가는 경우가 많다. 한국에서는 부모 중 한쪽이라도 한국 국적을 갖고 있지 않으면 아이가 태어나도 출생등록을 할 방법이 없다. 자녀가 출생하면 가족관계등록부(옛 호적)에 부모와 가족 관계를 맺게 되었음을 기록하는 것으로 출생등록을 하는데 외국인 부모의 경우 가족관계등록부가 없기 때문이다.

그래서 한국에서 살고 있는 난민의 경우 아이를 낳으면 본국 대사관에 가서 출생등록을 해야 한다. 그런데 난민은 본국에서 박해를 받고 피난 온 사람들이기 때문에 대사관을 방문하는 것도 꺼려해 출생등록을 하지 못하는 경우가 많다. 이럴 경우 출생한 아이는 한국에도, 부모의 국적국에도, 어디에도 '없는 아이'가 된다. 출생등록도 없고 국적도 없는 사람이 되는 것이다.

출생등록은 한 개인이 출생하여 사회 속에 존재한다는 것을 국가가 공식적으로 기록하고 증명하는 제도다. 출생증명서에는 부모의 성명, 출생일, 장소, 국적 등이 기록되는데 출생등록을 하지 못한 어린이는 나이도 알 수 없고 신분도 확인할 길이 없어 국가의 보호를 받을 수 없다. 학교 가기도 어렵고 병원 진료를 거부당하기도 한다. 또 해당 국가와의 관련성을 증명하기 어려워 무국적자가 될 위험이 크고 불법 인신매매에 노출될 위험도 크다. 어른이 된 뒤에는 결혼, 취업, 여행, 은행 이용, 자녀의 출생등록 때 많은 제약을 받을 수밖에 없다. 유엔은 출생등록 자체가 아동의 권리 보호를 위한 기본적인 권리이자 다른 권리를 보장할 수 있는 중요한 발판이라며(세이브더칠드런, 2013), "이주민, 난민, 무국적 아동을 포함해 대한민국에서 출생한 모든 아동을 대상으로 보편적 출생등록을 도입해야 한다"고 권고한 바 있다.

아만 씨의 세 자녀도 한국에서 태어났지만 부모가 모두 외국인이기 때문에 출생등록을 하지 못했다. 한국은 중학교까지는 의무교육을 받도록 보장하고 있지만, 다니엘처럼 출생등록이 없으면 별도로 부모가 학교를 찾아가 사정을 해야 한다. 입학 여부는 학교장의 재량이어서 받아들여지지 않을 수도 있다. 다니엘이 집에서 가까운 학교를 두고 2년 가까이 먼 곳에 있는 학교를 다녀야 했던 사정 뒤에는 이 같은 제도의 문제가 있다.

학교에 입학해도 출생등록이 없고 국적이 없어서 정상적인 학교생활을 하기 어려울 때가 많다. 예컨대 학교에서 실시하는 현장학습이나 수학여행에 못 가는 사태가 생기는데, 신분증 번호가 없으면 여행자 보험에 가입할 수 없기 때문이다. 콩고 출신의 어느 난민 가정 자녀는 태권도 품띠를 따기 위해 열심히 연습했지만 국기원에서 승품 심사 자격이 되지 않는다고 해서 시험 자체를 볼 수 없었다.

한국 부모 못지않게 교육열이 높은 아만 씨지만 '비국민'을 배제하는 제도 앞에서는 여러 차례 좌절을 경험해야 했다. 어렵사리 그 제도를 뚫고 진입해도 인종차별과 혐오라는 또 다른 장벽 앞에서 배제되고 무너지기 쉽다. 그 과정에서 난민 가정의 자녀들은 한국인도 아니고, 그렇다고 부모의 나라 국민도 아닌 자신의 정체성에 혼란을 느낄 수밖에 없다.

"한국에 살고 싶다"

아만 씨 가족은 한국에 살고 싶어 했다. 항상 경제적으로 쪼들리고 인종차별도 있지만 그래도 코트디부아르와 비교하면 이곳이 훨씬 안전하다고 생각하기 때문이다. 2010~2011년 재발한 코트디부아르 내전에서 3,200여 명이 죽었다. 내전이 끝나도 치안은 여전히 불안하고 전쟁이 재발할 위험은 항상 도사리고 있다.

14년이나 타국에 나와 살았기 때문에 코트디부아르로 다시 돌아가 살라고 하면 아득하기만 하다. 이미 한국식 삶의 방식에 길들여져 있거니와 아이들은 자신을 한국 사람이라고 여기고 있기 때문이다. 맘만 먹으면 언제나 일자리를 구할 수 있다는 점도 한국에 살고 싶은 이유 중 하나다.

"돈을 많이 벌고, 나는 변호사가 되고, 아들 다니엘과 딸 리사를 선생님으로 만든 뒤에 코트디부아르로 돌아가고 싶어요."

꿈이 맘에 든다고 했더니 그제야 아만 씨가 큰소리로 웃었다. 실현되기 어려워 보이는 꿈을 향해 나아간다는 것, 성취하기 어렵다는 것을 알면서도 끝까지 간다는 것, 그건 무모함이나 실패가 아니라 용기이고 힘이고 실천이다. 한국은 난민인정심사를 통해 아만 씨 가족을 이 땅에서 밀어내려 할지 모른다. 그러나 그녀의 꿈까지 몰아낼 수는 없을 것 같다.

4장

할례 거부와 떠도는 삶

라이베리아 출신 **마틸다**

탈출

캄캄했다. 마을을 벗어나 열대우림으로 들어서니 한 치 앞이 잘 보이지 않는다. 냅다 달리고 싶은데 그건 마음뿐, 발걸음을 재촉해도 그리 빨리 나아가지는 못했다. 나무 둥치에 걸려 넘어진 게 몇 번인지 모르겠다. 무릎 여기저기서 피가 나고 발가락이 아파 절룩거리기 시작했다. 그래도 쉬지 않고 걷고 걸었다.

날이 훤하게 밝아지면서 허기와 잠이 걷잡을 수 없이 몰려왔다. 허물어지듯 땅바닥에 주저앉으려는데 어디선가 아빠의 다급한 목소리가 어린 소녀를 흔들어 깨운다. "마틸다, 안 돼! 좀 더 가야 해! 그래야 안심할 수 있어." 화들짝 놀라 몸을 일으켜 세우고 아빠를 찾았지만 그곳에 아빠가 있을 리 없었다. 참기 어려운 배고픔과 갈증, 공포로 소녀는 그때까지 참았던 울음을 터트리고 말았다.

열네 살 소녀 마틸다의 뿌리 뽑힌 삶은 산디Sande에서의 탈출로부터 시작됐다. 마틸다의 고국 라이베리아의 북서쪽 지역에 사는 몇 부족에게는 이상한 전통이 있다. 일정 나이가 되면 남자는 포로Poro, 여자는 산디라는 비밀 조직에 가입해야 하는데,* 조직에 들어가면 어린아이를 제물로 바치고 피를 나눠 마시는 의식에 동참해야 한다. 산디는 여자아이가 성인 여성으로 성장하는 과정에서 거쳐야 하는 학교Sande bush school 같은 곳으로 여겨졌는데 여자 수장이 여자 아이들에게 부족의 전통과 가사, 결혼 준비 등을 가르쳤다. 말하자면 가부장제에 복종하며 사는 법을 일찍부터 세뇌시키는 셈이다. 특히 산디에서는 여자아이들이 난잡해지는 것을 막는다는 명분하에 음핵과 음순을 절제하는 할례를 강제했다. 거기에 더해 할례 때 잘라낸 것으로 요리를 해 나눠 먹는 끔찍한 전통이 있었다.

마틸다가 속한 만딩고Mandingo 부족도 그랬다. 마틸다의 언니는 이미 할례를 받았고 마틸다도 산디에 가입하라고 압박을 받

* 『Liberia: The Land, It's People, History and Culture』의 저자 프랭크 셔먼(Frank Sherman)에 따르면 만딩고 부족은 출신 지역을 불문하고 남자는 포로, 여자는 산디라는 비밀 조직에 가입해야 한다고 한다. 그밖에도 산디에 관한 정보는 마틸다 씨의 증언 외에도 다음의 기사를 참고했다. Travis Lupick, 2012, 'Liberia's Government Finding a Way to End FGM', IPS, 2012.04.02.

고 있었다. 기독교 신자였던 아버지는 둘째 딸인 마틸다만은 산디에 들어가지 않게 하려고 버티고 또 버텼다. 하지만 포로의 다른 멤버들이 마틸다의 아버지를 살해하겠다고 위협하는 데다 마틸다의 할머니가 산디의 여자 수장이어서 결국 마틸다도 산디에 들어갈 수밖에 없었다. 마틸다가 열네 살이던 1990년 2월 무렵이었다.

"산디로 들어가기 전에 아버지가 산디로부터 탈출할 수 있는 방법을 알려 주셨어요. 산디에서는 그곳을 벗어날 수 없도록 철저히 통제했는데 비밀이 새어 나갈까 봐 그랬다고 해요. 다만 산디의 중요한 의식인 물을 뜨러 갈 때만 바깥으로 나갈 수 있었지요. 그때 틈을 봐서 도망을 가라고 아버지가 일러 주셨어요. 제가 산디에 들어갈 때 150명이 한꺼번에 들어갔는데 매주 50명씩 할례를 했어요. 비명 소리가 여기저기서 나고 너무 무서워서 정신이 없었어요. 2주가 지나고 내가 속한 그룹이 할례를 받아야 할 차례가 다가왔어요. 그래서 도망가려고 마음을 단단히 먹었지요. 마침내 어느 날 물을 길러 냇가로 갔다가 화장실이 급하다며 숲속으로 들어갔어요. 주변이 온통 숲이어서 잘 보이지도 않았어요. 콩닥콩닥 뛰는 가슴을 억누르고 냅다 달렸지요. 정신없이 한참을 가다가 문득 더 겁이 나서 또다시 막 달렸지요."

마틸다는 하루 동안을 꼬박 걸어 다음 날 저녁 해가 지기 전에 부모님 집에 도착했다. 그런데 다음날 아침, 무장한 일단의 군인들이 마틸다의 집으로 들이닥쳤다. 그 당시 라이베리아는 내전이 벌어져 정부군과 반군 사이의 총격전이 일상적으로 일어나곤 했는데, 정부군 고위직이던 마틸다의 아버지에게 반군들이 쳐들어온 것이었다. 언니 오빠는 학교에 가고 집에는 부모님과 마틸다만 있었다.

"모두 밖으로 나와 무릎 꿇어!"

반군들은 부모님과 마틸다의 손을 뒤로 묶고 때린 뒤 급기야 가족들이 보는 앞에서 엄마를 강간했다. 아버지에게는 마틸다를 산디로 도로 보내고, 갖고 있는 정부의 자금을 내놓으라고 협박했다. 이를 거절하자 그들은 집에 불을 지르고 마틸다가 보는 앞에서 아버지를 살해했다. 그들이 엄마를 끌고 어딘가로 가는 틈을 타 마틸다는 도망을 쳤다. 하루아침에 상상도 못한 일이 일어나 졸지에 부모를 잃고 또다시 도망을 쳐야 하는 일이 벌어진 것이다.

"달려서 20분 거리에 목사님 집이 있었어요. 미친 듯이 달려갔더니 목사님이 자신의 집도 안전하지 않다며 아버지의 둘째 부인이 있는 집으로 가라고 등을 떠밀더라고요. 그곳은 라이베리아의 수도인 몬로비아인데 버스를 타고 일주일 넘게 가야 했어요. 당시 계모는 아버지의 아이를 임신 중이었는데 끔찍한 소식을 전해 듣고 막 울더라고요. 그래도 계모는 나를 잘 보살펴 줬어요."

죽은 듯이 숨죽이며 살고 있는데 어느 날 이웃으로부터 반군이 찾아다닌다는 얘기를 듣게 되었다. 마틸다는 계모의 손에 이끌려 이웃 나라 시에라리온으로 가는 피난 행렬 속에 몸을 숨겨야 했다. 기나긴 탈출 여정이 또다시 시작된 것이었다. 밤낮없이 사흘을 걸어서 고국을 버리고 이웃 나라 시에라리온 국경에 들어섰다. 마틸다는 그때 처음으로 난민 캠프라는 게 있다는 걸 알게 되었다.

지옥과 같았던 가나 난민 캠프 시절

라이베리아에서 타오른 내전의 불길은 시에라리온으로 옮겨 붙었다. 이제 어디로 피난을 가야 하나? 시에라리온 난민 캠프에서 생활한 지 몇 개월밖에 안 됐는데 또다시 그곳을 떠나야 했다. 마틸다와 만삭의 계모는 일주일 이상을 걸었다. 처음에는 날짜를 세어 봤지만 나중에는 정확히 며칠을 걸었는지 생각도 잘 나지 않았다. 어쨌든 그들은 걸어서 겨우 기니에 도착했다.

그런데 이게 웬일인가? 불행은 거기서 끝나지 않았다. 계모가 출산을 하다 목숨을 잃은 것이다. 마틸다는 이제 진짜 고아가 되었다. 굶어 죽지 않기 위해 시장에서 구걸도 하고 가끔은 식당에서 그릇도 닦았다. 어린 소녀는 하루하루 목숨을 연명하기도 힘들었다. 그렇게 5년 정도를 버텼는데 이번에는 기니에서 또 내전이 발발했다.

아프리카가 국지적 분쟁과 내전, 그리고 극심한 정치적 혼란을 많이 겪게 된 것은 1960년대 아프리카에서 신생 독립국가가 대거 등장한 것과 연관성이 크다(최원근, 2009). 서구 식민지배로부터 신생국들이 독립하는 과정에서 이전에 강대국이 설정했던 경계를 따라 국경선이 정해졌다. 그런데 이 경계는 강대국이 식민지 통제를 쉽게 하기 위해 인위적으로 설정한 경계여서 정치 및 민족 집단의 단위와 많이 어긋났다. 따라서 인종과 종교, 민족, 정치적 신념, 특정사회집단에 대한 소속 등 여러가지 이유로 크고 작은 분쟁이 끊이지 않았다. 그런 역사가 빚어낸 분쟁의 비극이 어린 마틸다의 삶을 밑바닥부터 끝도 없이 흔들어 댔다.

마틸다는 이번에 가나로 가야 했다. 그때가 1996년이었다.

"가나 난민 캠프에서 거의 16년을 살았어요. 그곳에 유엔난민기구가 있었지만 실질적으로 지원을 받은 것은 거의 없었죠. 집도 저 혼자 진흙으로 지어 살았을 정도니까요. 직업도 없고 먹을 것도 없고…. 생계는 가나 사람들이 주로 사는 곳으로 가서 빨래를 해주거나 머리를 해주고 받은 푼돈으로 겨우겨우 살았어요. 그래도 제일 돈이 되는 것이 플라스틱 용품을 모아서 파는 것이었는데, 큰 봉지로 한 가득 모아 봐야 1달러(1,000원) 받기가 어렵더라고요."

그 와중에 딸 도로시를 낳았다. 2002년, 마틸다가 스물다섯 살 되던 때였다. 도로시의 아버지는 가나 난민 캠프에서 만난 무슬림 남자였다. 마틸다가 독실한 기독교 신자여서 자연스레 멀어졌고 도로시가 두 살 되던 때 캠프를 떠났다. 마틸다는 그렇게 싱글맘이 되었다.

동거와 맞바꾼 한국행 비행기 표

마틸다는 사실 한국이라는 나라를 전혀 알지 못했다. 그러니 한국으로 가서 살아야겠다고 생각해 본 적이 아예 없었다. 어느 날 가나 이민국에서 난민 캠프를 찾아와 인터뷰를 하는 프로그램이 있었는데 그 와중에 가나의 수도 아크라에 사는 한 여성을 친구로 사귀게 되었다. 그 여성은 자신의 친동생이 한국에 살고 있는데 동생 말로는 "한국이 인권 상황도 좋고, 여성 난민들이 살기 좋다"고 했다는 것이었다. 그때부터 마틸다는 어떻게든 한국으로 가고 싶었다.

"하지만 그 당시에는 여권도 없거니와 하루 생활비도 제대로 없을 정도로 가난했어요. 그 친구가 생필품을 챙겨 주곤 했지요.

그런데 어느 날 '라이베리아 고위 정부 관리가 가나에 2주간 머무는데 그 사람과 호텔에서 같이 자면 여권을 만들어 주고 한국행 비행기 표도 사준다'고 했다는 거예요. 잠시 망설였지만 딸 도로시의 미래를 위해 못할 것이 없다는 생각이 들더라고요. 나는 의사가 되고 싶었지만 사실은 꿈도 못 꿀 일이라 일찌감치 포기했죠. 하지만 도로시는 그렇게 키우고 싶지 않았어요. 난민캠프에 살다 보면 도로시 역시 학교도 제대로 못 다니고 나처럼 꿈을 포기하게 될까 봐 걱정이 됐지요. 도로시에게 더 나은 미래를 줄 수 있다면 뭔들 못하겠나 싶었어요."

순간 마틸다의 목이 잠기고 눈동자에서 은빛 물방울이 반짝 빛났다. 그녀는 애써 웃으려 했다. 나는 그녀와 눈을 맞추고 고개를 가볍게 여러 차례 끄덕이며 위로해 주려 했지만 마음속으로는 같이 울고 싶었다. 출구가 보이지 않는 비참한 상황에서 탈출하기 위해 자기 자신을 성매매라는 또 다른 폭력에 내맡겨야 하다니, 얼마나 가혹하고 잔인한 상황인가. 그렇게 해서 얻은 새로운 삶이 과연 그녀에게 작은 기회와 미래가 되고 있는지도 의문이다. 어떤 국가도 보호해 주지 않는 존재, 인권과 법의 혜택을 박탈당하고 버림받은 존재, 난민. 마틸다는 난민이 처한 상황을 가장 극명하게 보여 주는 전형이었다.

다른 선택의 여지가 없었다. 결국 마틸다는 친구의 제안을 받아들여 고국에서 온 정부 관리와 호텔에서 2주간 머물렀다.

그런데 그 관리는 여권만 마련해 주고 약속과 달리 비행기 표 값은 절반만 주고 가버렸다. 그렇다고 어디에 항의할 권리조차 없는 사람이 난민이며, 성매매 여성이다. 마틸다는 결국 인근 클럽에 가서 또다시 성매매를 하고 그 돈으로 비행기 표를 살 수 있었다. 이 얘기를 할 때 그녀의 눈에 다시 눈물이 글썽거렸다.

2012년 3월, 마틸다는 딸 도로시와 함께 한국행 비행기를 탔다. 부모를 잃고 내전을 피해 지긋지긋한 난민 캠프 생활을 한 지 22년 만이었다.

동두천에서 시작한 한국 생활

막막했다. 공항 로비 어디를 둘러봐도 다 낯설었다. 게다가 3월의 한국 날씨는 열대의 아프리카를 처음으로 벗어난 이방인 모녀를 덜덜 떨게 했다. 겨울옷 자체가 없으니 여름옷 여러 개를 포개 입었지만 파고드는 꽃샘추위를 감당할 수가 없었다. 어렸을 때 산디를 탈출해 어디로 가야 할지 몰라 헤매던 그때가 생각났다. 22년 전이나 지금이나 갈 곳 없는 신세라니. 기가 막혔지만 그런 감상에 젖어 있을 여유조차 없었다. 열 살 된 딸이 옆에 있으니 어깨가 더 무겁게 느껴졌지만 다른 한편 든든하기도 했다. 여태 살았는데 어디에선들 못 살겠나 싶었다. 아프리카 여성 특유의 낙천적 기질도 한몫한 것이다. 마틸다는 딸 도로시의 손을 잡고 씩씩하게 공항 밖으로 걸어 나갔다.

"어느 한국 남자를 붙들고 영어로 말했어요. 유엔난민기구로 데려다 달라고요. 그런데 그 남자는 난민이 뭔지, 난민 신청이 뭔지도 모르는 것 같더라고요. 아프리카에서 왔다고 하니 무조건 이태원이나 동두천으로 가라고 했어요. 버스 정류장까지 우리를 데리고 가더니 버스 기사에게 무작정 동두천에 내려 주라고 부탁을 하더라고요. 동두천에 와서 살게 된 건 그때 그 한국 남자 때문이에요."

동두천에 내렸는데 그곳은 더 추웠다. 당장 그날 밤을 지낼 숙소를 찾기 위해 우왕좌왕하고 있는데 한 아프리카 남성이 다가왔다. 신기하게도 그는 라이베리아 출신이었다. 길을 가다가 마틸다 씨가 주변 사람을 붙들고 말하는 것을 듣고는 억양에서 라이베리아 출신임을 알아챘다는 것이다. 마틸다 씨 모녀가 머무를 곳이 없다고 하자 그 남자는 우선 자기 집으로 데리고 갔다. 가보니 집에는 자그마치 7명의 아프리카 출신 남자들이 함께 살고 있었다.

그 라이베리아 남자의 소개로 유엔난민기구를 찾아갔지만 그곳에서는 직접 도와줄 방도가 없다며 난민지원단체인 (사)피난처를 소개해 줬다. 당시 숙소를 제공해 줄 수 있는 곳은 (사)피난처가 유일했는데 가보니 5~6명이 한 방에서 같이 기거해야 할 정도로 열악했다. 도로시를 키우며 살 곳이 못 된다는 생각에 모녀는 동두천으로 다시 돌아왔다.

그러다 우연히 집 근처에서 선교 활동을 하는 어느 교회의 교인을 만나 교회에 가게 되었고, 그 뒤로는 교회에서 매 끼니를 해결했다. 예배도 열심히 보고 식사도 자주 하다가 가까워진 교인들이 집으로 찾아왔다가 모녀가 남자 7명 틈에 끼어 사는 걸 보고 기겁을 했다. 교인들이 나서서 집을 알아봐 주고 돈도 보태 준 덕분에 마틸다 씨 모녀는 드디어 보증금 27만 원에 월세 25만 원짜리 집을 얻었다. 비록 초라한 월세 방이었지만 드디어 딸고 함께 '자유롭게' '사생활을 보장받으며' 살 수 있는 공간을 갖게 되어 너무 기뻤다. 어릴 적 부모님과 함께 살던 때 이후로 20여 년 만에 처음이었다.

"흑인이 죄인인가요?"

한국 생활이 조금씩 익숙해지면서 마틸다 씨는 돈을 벌기 위해 일자리를 찾아 나섰다. 아프리카 친구들의 말을 듣고 소요산 인근이나 덕천 쪽의 공장을 찾아가 일거리가 있냐며 문을 두드렸다. "다행히 여러 공장에서 (그녀를) 고용해 줬다." 일은 쓰레기 재생 공장에서 쓰레기를 종류대로 분류하는 것과 같은 허드렛일에다, 불규칙적으로 일손이 필요할 때만 부르는 파트타임 일이었다. 임금은 쥐꼬리만 했고 근로기준법의 보호가 있을 리도 만무했다. 그래도 마틸다 씨는 "참고 견뎠다"고 했다. 그런데 마틸다 씨의 '참고 견딤'은 견딜 만해서도 아니고, 견디겠다고 선택한 결과도 아니다. 그건 달리 선택의 여지가 없었기 때문이다. 아프리카 출신의 난민 흑인 여성에게 세계 제11위 경제대국이자 OECD 국가인 한국이 제공하는 기회란 다른 여지가 없다. 폴란드의 사회학자 지그문트 바우만은 난민들이 "잠시 머무는 곳에서 담당할 쓸모 있는 기능도 없고, 새로운 사회집단에 동화되거나 통합될 현실적인 전망도 의도도 없는 '인간쓰레기'의 화신 자체"로 대접받는다고 통렬히 지적한 바 있다(바우만, 2010). 난민들에게는 "쓰레기처럼 내던져진 장소에서 되돌아갈 길도 없고 앞으로 나아갈 길도 없다"는 것이다. 인간을 쓰레기에 비유하다니, 그 용어 자체에서 비참함이 느껴진다. 하지만 냉혹한 현실이 결코 추상적인 개념이 아니라 우리의 현실을 적나라하게 보여 주고 있다는 점에서 한국이 직면한 비극이 전개된다.

허드렛일도, 최저임금 이하의 보상도 참고 견뎠지만 그녀도 도저히 참기 힘든 것이 있다. 모욕과 차별이다. 마틸다 씨는 "일일이 말할 수도 없을 만큼 많은 인종차별을 겪었다"고 말했다. 그녀는 그 상황을 다시 입에 담고 싶어 하지 않았다. 다시 떠올리는 것만으로도 모욕감을 느끼는 것 같았다. 비인간적이라고 생각하면서도 눈을 질끈 감고 재차 묻자 그녀는 몇 가지 사례를 얘기해 줬는데 말끝에 자신이 "아프리카 출신이어서 그렇게 대하는 것 같다"고 말했다.

"아동복을 만드는 공장이었는데 나이 든 한국인 아줌마들이 많았어요. 그분들은 내가 흑인이라고 정말 싫어했어요. 밥을 먹을 때 옆에 앉지도 못하게 했고 내가 쓰는 식기를 같이 쓰지 않겠다고 했어요. 심지어 내가 국을 퍼줬더니 그것조차 먹지 않겠다고 하더라고요. 사장님은 내 능력을 인정해 줬지만 한국 아주머니들은 나를 내보내지 않으면 자신들이 나가겠다고 으름장을 놓았지요. 그 바람에 사흘 만에 공장을 나온 적도 있어요."

모욕과 비하는 동료 노동자만 하는 게 아니었다. 사장이 욕을 하는 경우도 부지기수였다. 어느 공장에서 젖은 천을 말리는 기계를 조작하다 찌릿찌릿한 게 마치 감전이 되는 것 같았다. 이를 사장에게 얘기했더니 안전 조치를 해주기는커녕 비웃으면서 욕까지 해댔다. 다음날 바로 공장을 그만뒀지만 다른 곳도 별 다를 바가 없었다. 어디를 가도 피부색이 검다고 무시하고 싫어하고 함부로 대했다.

마틸다 씨에 대한 한국인의 태도는 그야말로 인종차별이며 인종을 이유로 한 혐오발언이다. 아마도 마틸다 씨가 흑인이 아니라 백인이면 일어나지 않았을 일일지도 모른다. 아니, 백인이라면 마틸다 씨가 일한 공장에 취업하는 상황 자체가 발생하지 않았을 것이다. 여성 난민이라는 신분에 인종적 차별이 더해진 이중 삼중의 굴곡이라 할 수 있다.

사춘기 소녀 도로시의 한국 생활

마틸다 씨는 2013년 같은 교회를 다니던 나이지리아 출신의 벤자민(41세) 씨를 만나 이듬해인 2014년 결혼했다. 남편이 매일 저녁 6시 30분에 출근해서 다음날 아침 7시까지 근무하는 야간 노동과 주말 근무를 해서 월 160만~170만 원 정도를 벌어 온다. 여기에 틈틈이 마틸다 씨가 아르바이트를 해서 돈을 보태면서 이전에 비해 생활은 조금씩 안정을 찾아가고 있다. 2년 전에는 벤자민과의 사이에서 아들 캐빈도 탄생했다. 보증금 300만 원에 월세 42만 원짜리 연립주택은 비록 15평 정도지만 지하층이 아니고 지상 3층에 위치해 햇볕도 잘 들어온다.

그런데 당장 먹고살 걱정이 줄어들자 이번엔 또 다른 걱정이 찾아왔다. 바로 딸 도로시 문제다. 한국에 오자마자 도로시는 초등학교 4학년으로 편입했다. 처음에는 무척 힘들었다. 한국어 배우기도 어려웠지만 반 친구들의 놀림과 따돌림은 온전한 생활을 불가능하게 했다.

"도로시의 피부가 검다고 반 친구들이 '검은 원숭이'라고 놀렸대요. 이런 얘기를 듣고 누가 학교를 가려고 하겠어요. 심지어 애들이 도로시의 피부색을 이유로 때린 적도 있고요. 그래도 나는 도로시에게 계속 노력해 보라고 달래고 또 달랬죠. 6~7개월이 지나고 한국어 실력이 늘기 시작하면서 학교 생활에 적응하기 시작하더라고요."

어느덧 도로시는 중학교 2학년이 되었다. 그동안 키가 훌쩍

자라 청소년 티가 완연한데 키가 자란 만큼 말썽도 커졌다. 엄마와의 관계는 불통 그 자체다. 말도 안 듣고 얘기도 하지 않으려 한다. 가수가 되고 싶다고 졸라서 없는 형편에 댄스학원까지 보내 줬는데 화장을 하느라 매번 지각이다. 특히 쇼핑을 좋아해서 틈만 나면 쇼핑을 가자고 졸라 대는데 가기만 하면 이것저것 다 사달라고 해서 꼭 싸우고 돌아온다.

요즘 도로시의 관심은 온통 꾸미고 치장하는 데 쏠려 있는 듯하다. 한창 외모에 신경 쓸 사춘기인 데다 한국 친구들 사이에서 느끼는 '상대적 박탈감'을 메우려는 과잉행동이기도 하다. 한국 친구들처럼 내 방도 갖고 싶고, 예쁜 옷도 입고 싶고, TV 드라마의 주인공처럼 사고 싶고 꾸미고 싶은 것이 끝도 없는 것이다. 마틸다 씨는 도로시의 그 마음을 이해하려고 노력은 하지만 도가 지나치거나 혹시 문제행동이라도 보일까 봐 전전긍긍했다. 얼마 전에는 도로시 방에서 미용 렌즈를 발견했는데 무슨 돈으로 샀는지 알 수가 없었다. 도로시는 친구가 사줬다고 했지만 한두 푼짜리도 아니니 또래 친구가 사줄 리 만무하다. 마틸다 씨가 으르고 달래도 도로시가 끝까지 우기자 결국 그녀는 딸을 심하게 때렸다.

"얼마 전에는 경찰이 집에 찾아올 정도로 큰 소란이 있었어요. 도로시의 머리카락이 심하게 곱슬거려요. 한국 친구들처럼 머리를 펴고 싶다고 졸라서 파머를 해주려고 돈을 챙겨 놓았지요.

그런데 그 돈이 없어진 거예요. 미장원에 가려고 나서다 도로시에게 물어봤는데 모른다고 잡아떼서 계속 추궁을 했지요. 그랬더니 갑자기 큰 소리로 '살려 주세요'라고 외쳐 대는 거예요. 그걸 보고 동네 사람이 신고를 해서 경찰이 집까지 찾아왔어요."

사실 마틸다 씨가 도로시에게 가하는 체벌은 도를 넘어선 아동학대 수준이었다. 그 사실은 도로시를 대상으로 상담을 하다 드러났다. 마틸다 씨는 딸이 이상행동을 하고 분노 조절을 못하며 남자에게 성적인 행동을 하는 것 같다며 어느 난민 지원단체에 심리 상담을 의뢰했다. 그 과정에서 놀라운 사실이 드러났다. 마틸다 씨가 도로시를 목욕탕에 가둬 놓고 손이나 허리띠 등으로 마구 때리는데 고통을 더하기 위해 몸에 물이나 고춧가루를 뿌린다는 것이었다. 단체 활동가와 상담자는 아연실색했고 도로시뿐 아니라 마틸다 씨를 대상으로 상담에 들어갔다.

방랑 생활이 남긴 트라우마

마틸다 씨는 불안과 우울, 그리고 심한 충동조절장애와 분노조절장애를 겪고 있었다. 그녀는 분노가 폭발하면 스스로 조절하지 못하고 딸을 심하게 때리거나 집에 있는 물건들을 손에 잡히는 대로 다 부쉈다. 남편이 "아내가 분노조절을 못해 나도 무섭다"고 말할 정도였다.

난민은 심리적으로 매우 취약하다(난민인권센터, 2010). 난민이 되는 과정에서 심각한 차별과 폭력, 협박, 고문 또는 성폭력 등의 박해를 반복해서 여러 차례 경험하기 때문이다. 외국으로 탈출한 이후에도 새로운 환경과 불안정한 법적 지위, 인권 침해 등을 겪으면서 심리적으로나 신체적으로 취약한 상태에 놓이게 된다. 지난 3년간 난민들을 치료해 온 어느 상담가는 "모든 내담자들이 우울증에 빠지고 불안감에 잠을 이루지 못하거나 악몽을 꾸는 경우가 허다하다"고 말했다.

마틸다 씨의 증상은 난민에게서 나타나기 쉬운 전형적인 트라우마의 예다. 그녀는 난민 캠프 시절 당했던 성폭력과 성매매의 악몽에 시달리고 있었다. 어린 나이에 부모를 잃고 난 뒤부터 누군가 의지할 사람을 찾았지만 대부분 좋지 않은 남자를 만나 폭력을 당하거나 이용만 당하고 내팽겨쳐졌다. 때문에 사람에 대한 불신이 컸지만 그러면서도 또다시 의지할 사람을 찾는 자신의 무력함과 나약함을 자학하기도 했다. 한국에 온 이후는 당장 하루하루의 생계를 걱정해야 했으며 딸을 혼자 책임져야 한다는 사실 때문에 굉장한 스트레스를 받았다. 더구나 일이라도 하고 오면 몸은 천근만근인데 이를 알아주는 사람은 없고 아이는 엄마가 원하는 대로 행동하지 않으니 이 모든 고통이 겹쳐지면서 자신을 통제할 수 없는 상황에 도달한 것이었다.

문제는 조절되지 않는 분노와 충동이 본인보다 더 취약한 대상을 향해 분출된다는 점이다. 남자의 경우에는 보통 아내나 자녀에게 폭력을 휘두르는데, 마틸다 씨의 경우는 딸 도로시를 향해 쏟아졌다. '트라우마의 대물림'은 그 영향이 최소한 삼대에 걸쳐 나타난다는 말이 있다. 트라우마에 대한 치료가 제대로 되지 않은 상태에서 자녀를 훈육하면 그 자녀에게서 다시 트라우마 증상이 나타나고, 그 자녀는 부모에게서 배운 방식 그대로 자신의 자녀를 훈육하게 되기 때문이다.

하지만 안타깝게도 한국의 난민에 대한 심리 상담과 치료 프로그램은 취약하다. 난민에 대한 트라우마 진단을 실시하는 병원은 적십자병원을 비롯하여 한두 군데에 불과하다. 3~4년 전부터 유엔난민기구의 지원을 받아 (사)피난처에서 매주 심리 상담을 실시하고 있지만 일부 지원자에 그치고 있어 상담 서비스가 대폭 강화되어야 한다. 외국의 경우, 난민 신청 과정이나 사회 적응 과정에서 매우 세심한 심리 상담 및 치료 프로그램을 병행하거나 선행하는 경우가 많다. 또한 난민의 심리적 취약성을 이해하고 배려하는 것은 일반적인 상식으로 받아들여지고 있다(난민인권센터, 2010).

마틸다 씨는 한국에 온 지 3년이 넘고서야 겨우 상담과 약물 치료 등을 할 수 있었다. 그동안은 자신의 불안정한 심리 상태를 깨닫고서도 몸과 맘이 따로 노는 바람에 스스로 어쩔 줄 몰라 했다. 마틸다 씨는 처음에는 절대 아이를 때리지 않는다고 말했다. 그런 행동이 나쁘다는 것을 스스로도 잘 알고 있다는 의미다. 아이를 때리고 나면 너무나 미안해하고 또다시 상황이

나빠지면 또 아이를 때리고 스스로를 자학하는 상황이 반복되는 것이었다. 하지만 치료를 하는 과정은 쉽지 않다. 우울증이 심해지고 심리적으로 매우 불안정해지면 상담을 받는 것도 기피해, 상담 약속을 지키지 않는 경우도 다반사이다. 생계가 우선이어서 갑작스레 일이 생기면 제때 상담을 못 받기도 한다. 난민이 놓여 있는 상황을 세심하게 고려한 프로그램이 마련되어야 한다는 점을 시사하고 있다. 도로시에게서는 트라우마의 대물림 증상이 이미 나타나고 있었다. 소비 욕구를 절제하지 못하고 형편에 맞지 않게 물건을 사들이거나 그런 욕구를 충족시키지 못할 경우 물건을 마구 던지거나 유리창을 부수기도 했다.

마틸다 씨의 걱정은 그뿐만이 아니다. 도로시가 매일 이용하는 지하철역 바로 인근에는 주한 미군들을 주로 상대하는 유흥업소와 성매매 업소가 줄지어 있다. 그곳을 오가며 성추행을 당하거나 혹시라도 누군가가 도로시에게 돈을 주고 성적 행위를 요구할 때 도로시가 응할까 봐 여간 걱정이 아니다. 도로시는 동양 아이에 비해 몸이 성숙하고 화장도 많이 하는 편인 데다 갖고 싶은 것도 유난히 많기 때문이다. 2년 전쯤에는 도로시가 동네에서 성추행을 당한 적도 있어 마틸다 씨의 마음은 언제나 좌불안석이다.

끝나지 않은 유랑

마틸다 씨는 한국에 입국한 그해인 2012년에 난민 신청을 했다. 귀국을 하면 강제로 할례를 당할 위험이 크고, 산디에서 탈출함으로써 결과적으로 아버지를 죽음에 이르게 했다는 이유로 친지들에게 살해 위협을 받는다고 사유를 밝혔다. 심사 결과 그녀는 난민으로 받아들여지지 않았다. 이의 신청도 받아들여지지 않자 난민 심사 결과에 불복하는 소송을 제기했다. 마틸다 씨를 만났을 때가 대법원까지 올라간 상소심 재판 결과가 나오기 며칠 전이었다. 차마 재판에서 지면 어떻게 할 것이냐고 물을 수 없었다. 그래서 에둘러 원하는 것이 무엇이냐고 물었다.

"가나와 비교했을 때 한국은 정말 좋은 나라예요. 나는 한국 사람들이 정말 좋아요. 그래서 한국에 온 것을 후회하지 않지만 안정적인 제류 자격이 없어서 힘들어요. 그저 여기서 안정적으로 살 수 있으면 좋겠어요. 우리 가족에게 가장 필요한 것은 적법한 체류 자격을 얻는 거예요. 도로시와 캐빈이 라이베리아로 가서 살 수는 없잖아요. 도로시가 대학교까지는 한국에서 나왔으면 좋겠어요. 만약 상고심 결과가 좋게 나오지 않으면 그 이후에는 어떻게 해야 할지 너무 막막해요."

며칠 뒤 난민지원단체를 통해 재판 결과를 알아보니 안타깝게도 마틸다 씨는 패소하고 말았다. 그 소식을 들으니 내 맘이 쿵 하고 내려앉는 것 같았는데 그녀의 마음은 오죽했을까 싶다. 도대체 마틸다 씨가 감당해야 할 고난의 행군은 어디까지 이어져야 하는가? 신은 그녀에게 너무 가혹한 게 아닌가?

정현종 시인은 〈방문객〉이란 시에서 "사람이 온다는 건 어마어마한 일"이라고 했다. 그것은 "한 사람의 일생이 오는"것이며 "부서지기 쉬운/그래서 부서지기도 했을/마음이 오는 것"이라 했다. 마틸다 씨와 딸 도로시의 부서진 마음과 깨진 삶의 얘기를 듣고 있자니 내 마음마저 부서지는 것 같았다. 그 부서진 마음의 조각들은 무엇으로 어떻게 이어 붙이고 따스한 온기를 불어넣을 수 있을까? 시인은 그 마음의 갈피를 더듬어 볼 수 있는 바람의 흉내를 낸다면 환대가 될 것이라 했다. 난민을 대하고 받아들이는 우리의 마음은 바람보다도 못한가?

5장

히잡 속에 갇힌 난민 여성 삼중고

파키스탄 출신 **신디**

히잡 쓴 여인

지하철 부평역을 빠져나와 광장을 두리번거리자 저 멀리 머리에 히잡Hijab을 쓰고 온몸을 부르카로 가린 한 여인이 눈에 들어왔다. 가까이 가서 보니 히잡 속에서 초롱초롱 빛나는 그녀의 두 눈이 한눈에 들어온다. 얼굴과 머리, 그리고 몸 전체를 다 가리고 두 눈만 빼꼼 내놓은 그녀는 분명 웃는 것 같은데 확인할 길은 눈빛밖에 없다. 신디(30세) 씨와 길에서 반갑게 인사를 나누는 동안 지나가는 사람들의 눈길이 그녀의 전신에 내리꽂혔다.

2007년 12월 말에 한국에 왔으니 신디 씨의 한국 생활은 벌써 9년째다. 웬만큼 익숙해졌겠구나 생각하고 요즘 생활이 어떠냐고 운을 떼니 말끝마다 "힘들다"를 반복한다. 대체 무엇이 그녀를 그렇게 힘들게 할까?

"한국에 와보니 파키스탄과는 완전히 딴 세상 별천지 같았어요. 집 밖을 나서면 어디를 어떻게 가야 할지 알 수가 없는 거예요. 한국말을 전혀 모르는 데다 우르두어(Urdu, 파키스탄의 국어)는 커녕 영어 안내판도 많지 않아 길을 나서면 내가 꼭 눈 먼 사람 같았어요. 남편이 어느 날 신용카드를 한 장 주면서 장을 봐오라고 하는데 그때는 한국말로 사과 1킬로그램 달라는 말도 못 할 때였거든요. 제일 이해하기 힘든 건 어떻게 그 카드에서 돈이 빠져나가느냐는 것이었어요. 파키스탄에서는 그런 기술을 본 적이 없어 정말 이해하기 힘들었어요."

신디 씨는 한국에 오기 약 1년 전 파키스탄에서 결혼했다. 그때 나이 스무 살. 신랑은 신부보다 나이가 배나 많은 서른아홉 살이었다. 신디 씨의 아버지가 일방적으로 결혼을 정하는 바람에 결혼 당일에야 처음으로 남편 얼굴을 볼 수 있었다. 신디 씨의 남편은 결혼 직후 혼자 먼저 한국으로 갔다. 결혼하기 전에 이미 수년간 한국에서 사업도 하고 이주 노동자로 일도 하고 있었기 때문에 그는 파키스탄에서 살기 힘들다고 했다. 어떻게든 한국에서 재기하고 싶어 했지만 그 당시 남편의 사업은 망해 가고 있었고 수중에 돈도 없고 체류 자격도 불안정했다. 그래도 신디 씨는 남편을 따라 1년 후 한국에 왔다. 그때만 해도 난민이 되리라고는 생각지도 못했다.

"파키스탄에서는 여자가 결혼하면 남편만 따라다녀야 하거든요. 결혼하면 죽을 때까지 그 남편과 함께 살아야 해요. 친정으로 돌아가도 부모가 받아 주지 않아요. 집 바깥을 혼자 다니는 건 상상도 할 수 없고요. 혼자 외출할 때는 일일이 남편의 허락을 받아야 해요. 한국 문화와는 정말 다르죠. 그러니 한국 생활이 적응이 안 돼 너무나 힘들었어요."

이 인터뷰도 처음에는 신디 씨의 남편이 허락하지 않아 수 차례 전화를 걸어 사정을 해야 했다. 신디 씨는 통화를 하다가도 "남편이 와요. 남편이!"라며 중간에 전화를 끊어 버리기도 했다. 아마도 외부인과 전화하는 것까지도 통제당하는 듯했다. 신디 씨를 만나기 위해서는 약속 시간을 몇 차례나 변경해야 했다. 다행히 그녀가 남편에게 여러 차례 애원한 덕분에 겨우 만날 수 있었다. 절대로 사진이나 영상을 찍지 않는다는 조건을 달고서였다.

남편 구출 위해 헤맨 나날들

그렇지 않아도 힘든 판에 신디 씨가 한국에 온 지 1년 만에 큰 사건이 터졌다. 체류 비자가 만료된 상태에서 남편이 출입국 단속에 걸려 덜컥 잡혀간 것이었다. 칼바람이 쌩쌩 불던 2008년 12월이었다. '진짜 고생'은 그때부터 본격화됐다.

"남편이 전화로 연락을 해서 출입국사무소에 갇힌 줄을 알게 됐어요. 한마디로 눈앞이 캄캄했지요. 남편은 은행 계좌에 돈이 얼마나 있는지, 돈은 어떻게 찾는지 등등을 설명해 줬지만 막상 해보면 그게 말대로 잘 안 되는 거예요. 얼마나 힘들었는지…. 남편이 면회를 오라고 하면서 무슨 색 버스를 타고 어디서 지하철을 갈아타서 어디에 내려야 하는지 일일이 설명해 줬지만 무작정 다 받아 적어도 막상 어떤 버스를 타야 할지 모르겠더라고요. 눈앞에서 버스를 두세 차례 놓치는 건 다반사였고요. 매번 엉뚱한 곳에서 내렸어요. 지하철 타고 종점까지 가기도 여러 차례 했고요. 영어로 물어보면 알아듣는 사람이 별로 없어 묻지도 못했어요. 귀동냥으로 '어디 가요'라는 말을 배워 겨우 그 말만 했지요."

허허벌판에 내동댕이쳐졌단 말은 이럴 때를 두고 하는 말일 것이다. 당시 신디 씨를 도와줄 사람은 주변에 단 1명도 없었다. 남편 친구를 만난 적도 없고 아는 전화번호도 없었다. 신디 씨 남편은 무슬림 중에서도 매우 보수적인 무슬림이어서 엄격한 계율을 고집했다. 남편 친구가 집에 찾아오면 신디 씨는 딸과 함께 다른 방에 숨어서 모습을 드러내지 않아야 했다. 남편 친구는 신디 씨를 봐도 되지만 신디 씨는 다른 외간 남자를 볼 권리가 없었다. 그 때문에 신디 씨는 남편 친구를 비롯해서 남자 지인이 하나도 없었다. 한국 생활 9년째인 인터뷰 당시까지도 그랬다.

남편 면회를 하러 갈 당시 신디 씨에게는 휴대폰도 없었다. 가다가 길을 헤매면 공중전화를 이용하거나 상점 등에 사정해 출입국사무소로 전화를 해서 물어봤다. 그런데 출입국사무소에서는 신디 씨 휴대폰 번호를 알려 달라고 한 뒤 전화가 없다고 하면 뚝 끊어 버렸다. 기가 막혔다. 겨우 묻고 또 물어 남편을 찾아갔다. 신디 씨는 남편을 면회하면서 남편의 휴대폰을 건네받았지만 이번에는 잠금장치가 문제였다. 휴대폰을 사용한 적이 없으니 잠금장치를 알 리가 없었다. 남편이 알려주지 않은 탓에 전화기를 붙들고 얼마나 씨름을 한지 모른다. 신디 씨는 "그때 남편 없이 혼자서 살아갈 길에 대해 처음으로 고민해 봤으며 나의 두 발로 서야 한다는 것을 깨달았다"고 말했다.

남편이 석방되기까지 1년 반을 그렇게 보냈다. 유엔난민기구와 시민단체, 변호사에게 도움을 청하라는 남편의 말을 듣고 찾아다니느라 많은 시간을 길바닥에서 헤맸다. 겨우 길을 익힐 즈음 이번엔 남편이 인천출입국관리사무소에서 화성 외국인보호소로 옮겨졌다. 신디 씨는 또다시 허둥대야 했다. 서울역에서 내린다는 게 나중에 보면 용산역이고, 버스 내리기와 갈아타기는 언제나 어려웠다. 이 땅에서 살고 있는 사람들에게는 익숙하고 편리한 길이지만 낯선 이방인에게는 너무도 불친절한 도시였다. 신디 씨는 아침 7~8시에 집을 나서 남편 면회를 하고 시민단체와 변호사를 찾아가 도움을 요청하는 일을 쉴 새 없이 했다. 하루 종일 움직이다 밤이 되어서야 녹초가 되어 집으로 돌아갔다. 내 입에서 "아이고 저런!"이란 탄식이 절로 튀어나왔다. 고개를 끄덕이며 "얼마나 힘들었냐?"고 말을 건네자 그녀는 당시의 설움을 한꺼번에 위로받겠다는 듯이 말을 쏟아내고 또 쏟아 냈다. 그녀가 겪었을 막막함과 무기력, 절박함과 고통을 어찌 알겠는가. 눈물이 그렁그렁한 눈동자를 통해 짐작만 할 뿐.

주변 사람들은 신디 씨 남편이 본국으로 송환될 가능성이 크다고 했다. 신디 씨를 도와주던 시민단체 활동가도 난색을 표했다. 희망을 잃지 않고 꿋꿋하게 버티던 그녀였지만 뭘 어떻게 해야 할지 아무 생각이 나지 않았다. 아예 온 가족이 함께 파키스탄으로 돌아가자고 하자 남편은 펄쩍 뛰었다. 신디 씨 남편은 파키스탄에 있을 때 인민당Pakistan People's Party의 정치후원금 관리자였다. 그런데 정당의 간부가 자금을 횡령해 유용하자 이에 문제 제기를 하다 보복을 당할 위협에 처해졌던 것이다. 한국에 도망치다시피 오게 된 이유도 바로 그 때문이었다. 남편은 본국으로 돌아갈 경우 신변의 안전에 문제가 생길 수 있다며 무슨 수를 쓰더라도 한국에 체류할 수 있게 하라고 신디 씨를 재촉했다.

사람은 사회적 동물인지라 어떤 공동체의 구성원이 되어야 사람답게 살아갈 수가 있다. 그런데 한국도, 파키스탄도 신디 씨 부부의 존재를 밀어내고 받아들이려 하지 않았다. 하늘 아래 자신이 설 곳을 잃어버린 것이다. 그 상황은 인간에게 한마디로 공포다. 그 위협적인 상황을 신디 씨는 어떻게 견뎌 냈을까? 그녀는 '필사적'으로 주변에 도움을 요청하고 남편의 석방을 호소했다. 이 과정을 지켜봤던 한 시민단체 활동가는 "바깥 출입도 제대로 못 해봤던 신디 씨에게서 어떻게 그런 힘이 나오는지 모두 놀라서 혀를 내둘렀다"고 했다. 온갖 노력을 기울인 끝에 겨우 신디 씨의 남편은 본국으로 송환되지 않고 1년 반 만에 집으로 돌아왔다.

무슬림 난민 여성의 삼중고

남편은 다시 제자리로 왔지만 신디 씨의 일상은 평온을 되찾지 못했다. 아내의 헌신적인 노력으로 풀려난 줄을 알면서도 남편은 고마움을 표현하기는커녕 되레 신디 씨에게 폭력을 휘두르기 시작했다. 일자리도 끊기고 형편이 어려워지자 쌓인 스트레스를 신디 씨에게 쏟아 냈다. 폭력의 빈도가 잦아지고 정도도 심해졌다. 신디 씨가 남편 말에 무조건 순종하지 않고 자신의 의견을 얘기하면 되돌아오는 것은 주먹질이었다. 남편은 신디 씨의 말을 존중하기는커녕 감히 남편의 권위에 도전한다고 여겼다. 이국땅에서 고달픈 난민으로 살면서 쌓인 생활고와 불안함을 자신보다 약한 아내에게 폭력으로 풀었던 것이다. 신디 씨는 맞고 있을 수밖에 없었다. 남편으로부터 도망치고 싶은 생각도 들었지만 잡히면 죽을 수도 있다는 생각이 들었다고 했다.

"남편을 비롯한 시댁 식구들은 무슬림인데 이분들은 여성이 남편이나 아버지의 말에 순종하지 않으면 때리는 건 당연하고 심하면 죽이기도 해요. 맞다 틀리다라고 따지면 안 돼요. 여성을 때리고 죽이기도 하니 너무 무섭죠. 제 손위 동서는 말을 안 들었다고 자는 사이에 아주버님이 얼굴에 염산을 부어 얼굴이 절반 정도 타버렸어요. 병원 치료도 받지 못해 얼굴이 일그러지고 흉해서 볼 수가 없어요. 우리 가족이 난민으로 인정받고 생활에 조금만 여유가 생기면 한국으로 초청해 수술을 해주고 싶어요."

듣기만 해도 끔찍한 '명예살인'은 서아시아 무슬림 국가들, 특히 유목사회 전통이 많이 남아 있는 보수적인 국가에서 아직까지도 공공연하게 자행되고 있다(정수일, 2002). 여성의 순결을 최고의 명예로 여기는 이슬람 사회에서 부정한 행위로 가문의 명예를 더렵혔다며 여성을 가족의 손으로 죽이는 것이다. 간간히 국제뉴스를 통해 듣는 이 악습은 매년 500~1,000건씩이나 발생한다고 한다. 2009년에 유엔 주최로 인도네시아의 자카르타에서 열린 '아시아 지역 여성인권회의'에 참석한 적이

© 김보미

신디 씨가 인터뷰 중에 케이크 한 조각을 먹기 위해
잠시 히잡을 턱 아래로 살짝 내렸는데
순간 나는 그녀의 젊고 뛰어난 미모에 흠칫 놀랐다.
상상조차 하기 힘든 끔찍하고 폭력적인 삶이
저런 밝고 건강한 여성의 삶을 뒤틀어 놓고 있다고 생각하니
가슴이 아팠다.

있는데 그때 파키스탄 여성인권 활동가가 "우리나라에서는 요즘도 길거리에서 여성들에게 염산 테러를 당하는 일이 다반사로 일어나고 있다"고 말해 내 귀를 의심한 적이 있다. 그런데 신디 씨를 통해 그런 사례를 직접 들으니 기가 막혔다.

신디 씨의 두 딸은 아홉 살, 두 살인데 엄마가 맞으면 공포에 질려 큰 소리로 울었다. 아빠가 폭력을 휘두르는 모습을 보고 자란 큰딸 에이미는 자의식이 생기고 철이 들면서 "아빠가 때리면 경찰에 전화할 거야"라고 엄마에게 속삭였다. 또 "크면 아빠를 떠나 혼자 살 것"이라며 아버지에 대한 미움과 분노를 숨기지 않았다. 딸의 이런 말을 듣고 있노라면 신디 씨의 가슴이 미어진다. 그렇지만 딸을 타이르거나 남편을 감싸지 않는다. 자신처럼 억압당한 채 숨죽이며 사는 삶을 딸에게 물려주고 싶지 않아서다. 자신이 어떤 어려움과 희생을 치루더라도 딸은 희생시킬 수 없다고 스스로 다짐했다. 신디 씨는 두 딸의 머리를 남자처럼 짧게 자르고 바지만 입혔는데, 고작 그것만이 지금 당장 그녀가 할 수 있는 유일한 의지의 표현이었기 때문이다.

이국땅에서 무슬림 난민 여성으로 산다는 건 어떤 것일까? 난민으로서의 불안하고 불안정한 삶에, 여성이어서 당하는 성차별과 폭력이 포개지고, 여기에 무슬림 계율 때문에 더해지는 학대와 통제와 속박이라는 삼중고와 억압이 중첩되는 삶이다. 신디 씨가 인터뷰 중에 케이크 한 조각을 먹기 위해 잠시 히잡을 턱 아래로 살짝 내렸는데 순간 나는 그녀의 젊고 뛰어난 미모에 흠칫 놀랐다. 상상조차 하기 힘든 끔찍하고 폭력적인 삶이 저런 밝고 건강한 여성의 삶을 뒤틀어 놓고 있다고 생각하니 가슴이 아팠다. 신디 씨를 인터뷰 한 뒤 일주일 동안은 꿈속에 그녀가 나타나 나를 붙들고 계속 얘기를 하는 통에 나는 제대로 잠을 이루지 못했다.

베일 속에 갇힌 여성들

이슬람 여성의 삶과 지위는 베일 속 여성의 얼굴처럼 가려진 채 제대로 알려지지 않은 게 사실이다. 아니, 우리의 관심이 이슬람 사회에 미치지 못했다는 말이 더 정확할 듯싶다. 일부다처제나 명예살인 등을 비롯하여 무슬림의 가족·결혼 제도 등에 대한 서구의 비판적 시각과 이슬람 사회의 주장은 서로 대립적일 때가 많은데 특히 최근에는 히잡이나 부르카 같은 베일에 대한 논란이 벌어지고 있다.

특히 2016년 여름에는 부르키니의 착용을 놓고 프랑스를 비롯한 유럽 국가가 떠들썩했다. 부르키니는 부르카와 비키니의 합성어로, 무슬림 여성들이 입는 전신 수영복이다. 2016년 7월 프랑스의 유명한 휴양지인 니스에서 이슬람 극단주의자가 사람을 향해 트럭을 몰고 돌진해 86명이 사망하는 테러가 발생했다. 그 뒤 프랑스 남부 도시들은 해변에서 부르키니 착용을 금지했다. 금지 사유는 부르키니가 여성을 억압하며 세속주의(사회의 기구나 관습들이 종교적 영향력으로부터 분리되어야 한다는 주장)를 존중하지 않는다는 것이다. 하지만 이에 대해 반대 입장에 서 있는 사람들은 부르키니 금지가 테러에 대한 두려움과 이슬람 혐오에서 비롯된 것이라고 비판했다.

사실 부르키니 금지에 대한 논란이 시작된 것은 훨씬 오래전인 1989년 가을, 히잡 금지 논란으로 거슬러 올라간다.* 파리 외곽 소도시인 크레유에서 여학생 3명이 히잡을 벗으라는 학교 측의 요구를 거부하자 퇴학을 당하는 사태가 발생했다. 학교 측의 주장은 히잡 착용이 정교분리 정신에 어긋난 행동이라는 것이었다. 이후 10년 동안 이와 유사한 사건이 이어지면서 히잡 금지 논란은 프랑스 전체를 떠들썩하게 한다. 급기야 프랑스는 2004년 공립학교에서 모든 종교적 상징물의 착용을 금지하는 법안을 통과시켰지만 이 법안에 대한 찬반양론은 여전히 팽팽하게 맞서고 있다.

그런데 찬반양론을 소개하기 앞서 잠시 히잡 등 무슬림 여성들의 옷과 스카프 등에 대해 좀 더 구체적으로 알아보자. 히잡은 아랍어로 '가리다'라는 뜻에서 유래한 말이다. 무슬림 여성들이 머리에 두르는 일종의 스카프이다. 브루키니의 근거가 된 부르카는 무슬림 여성의 베일 중 가장 극단적인 형태의 옷이다. 얼굴과 몸 전체는 물론이고 눈 부분조차도 망사로 가린다.

---

* 이 글에서 소개하는 히잡 금지 논란에 대해서는 특별히 각주를 달지 않는 한 『공존의 기술』에 실린 "어디에도 (속해) 있지 않은, 어디에나 (속할 수) 있는 - 히잡 문제를 통해 본 프랑스 이방인 여성의 존재론"(이지선)을 참고했다.

부르카
눈을 포함한 전신을 가린다. 눈 부위는 얇은 천을 사용하며 장갑을 끼기도 한다. 아프가니스탄과 이집트 여성들이 주로 착용한다.

니카브
눈을 제외한 전신을 가린다. 색상이 다양한 것이 특징이다. 파키스탄과 모로코 여성들이 주로 착용한다.

히잡
얼굴만 내놓은 두건 모양이며 코란에도 언급된 의상이다. 시리아 등 아랍권 여성들이 주로 착용한다.

차도르
부르카와 비슷한 헐렁한 겉옷의 일종이며 속에는 양장을 입는 경우가 많다. 이란 여성들이 주로 착용한다.

⊙ 이슬람 여성 전통의상 종류

니카브는 부르카와 비슷하나 눈 부분만을 가리지 않는다. 신디 씨가 입었던 부르카는 목부터 몸 전체를 가리고 얼굴은 별도로 히잡을 쓰는 방식이라 전통적인 부르카와는 좀 달랐다. 차도르는 머리부터 몸 전체를 감싸는 망토형 외투로 이란 여성들이 주로 입는다고 한다.

이슬람교의 경전인 코란 제24장 32절에는 여성이 감추어야 할 신체 부위를 언급하고 있는데 여성들이 히잡을 착용해야 하는 근거가 되고 있다.

> "믿는 여인들에게 저들의 눈을 자제하고, 감각을 지키고, 자연적인 아름다움과 인위적인 아름다움을 그의 겉모양을 제외하고는 드러내지 말고, 머리덮개를 가슴까지 끌어내리고, 남편, 아버지, 남편의 아버지, 아들, 남편의 아들, 형제, 형제의 아들, 자

매의 아들, 저들의 여인(품위 있는 여성이라는 뜻), 오른손이 소유하는 것, 성적 욕망이 없는 남자, 시종 또는 여인의 감추어진 부분에 대해 아무런 지식이 없는 어린이 등을 제외하고는 아름다움을 드러내지 말라고 이르라."

이슬람교에서 여성의 머리카락은 남성을 유혹하는 '위험한 부분'이며(유만찬·김진경, 2013) 따라서 여자의 머리카락을 보이는 것은 곧 죄라는 말이다. 그래서 히잡을 착용하여 여성의 머리를 가림으로써 사회적 문란과 비리로부터 여성을 보호할 수 있다(정수일, 2002)는 것이다.

이에 대해 여성주의자들은 히잡이 여성 억압의 상징이며 여성 억압을 고착화한다고 비판한다. 이슬람 사회가 주장하는 대로, 히잡이 여성을 보호하는 사회적 관행이라고 받아들일 수는 없다는 것이다. 이와 같은 비판적 관점을 견지하면서도 히잡에 대한 여성주의자들의 입장은 '히잡을 벗어던지자'는 쪽과 '히잡을 잘 활용하자'는 쪽으로 크게 갈라진다.

우선 '히잡을 벗어던지라'는 입장의 여성주의자들은 히잡이 "가부장적 사회의 표상, 그 이상도 이하도 아니다"라고 주장한다. 히잡 착용이 강제 결혼이나 일부다처제처럼 여성을 차별하고 적대시하는 비인권적 행태의 일환이라는 말이다. 따라서 어떤 여성이 히잡을 착용한다면 이는 여성이 남성에 비해 열등하고 따라서 남성에게 종속되어야 하는 존재라는 종교적 가르침을 수용하고 실천한다는 사실을 스스로 증명하는 셈이다.

> 히잡이라는 종교적 상징물 역시 표현의 자유라는 이름 아래 허용될 수도 있다. 그러나 이 자유가 여성을 남성에게 순종해야 하거나, 남성이 함부로 대해도 되는 존재로 보는 종교 원리주의자들의 기만적인 선전 도구로 이용될 때, 바로 거기에서 [특히] 히잡을 착용하지 않은 여성에 대한 사회적 도덕적 물리적 폭력이 시작된다. 이 지점에서만큼은 히잡을 착용할 자유가 불허되어야 한다.*

이러한 주장에 따르면, 히잡의 요구가 무슬림 여성들의 권익을 신장시키는 것이 아니라 오히려 여성들을 이슬람 내 가부장적 질시로 재편입시키는 결과를 낳는다는 것이다.

반면 히잡 착용을 찬성하는 여성주의자들은 반대론자들이 차이의 권리에 대한 감수성이 부족하고, 서구적 가치 체계를 절대시하는 보편주의적 입장을 취하고 있으며, 심지어 인종주의나 이슬람 혐오증의 징후를 보여 준다(이기라 외, 2007)고 비판한다. 찬성론자들은 히잡이 여성들의 가부장적 질서에 대한 투쟁 또는 타협의 산물이라고 주장한다. 히잡은 교육이나 사회

---

* Anne Zelensky et Anne Vigery, 2003, "Laicardes, puisque feministes", Le Monde, 2003. 이기라 외, 2007, 『공존의 기술』, 그린비, 재인용.

진출 등을 통해 자아를 실현하기 위한 욕구와 종교적 요구를 조화시키기 위해 여성들이 선택하는 타협점이라는 것이다.

"히잡을 써야겠다고 생각한 것은 여성-남성의 관계, 남녀평등, 여성의 자유 등을 고민하기 시작하면서부터였어요. 나는 내 자유를 얻기 위한 가장 좋은 수단이 히잡이라는 결론을 내렸죠. … 내 몸을 히잡으로 감쌈으로써 나는 남자들 앞에서 내 스스로를 자신 있게 드러내 보일 수 있어요. 그들이 내가 생각하는 바나 행동하는 바가 아닌 다른 어떤 것에도 관심을 갖지 않을 테니까요. 요컨대 히잡을 씀으로써 나는 한 사람의 인간으로서 대접받을 수 있다는 거예요. 남성들의 시선으로부터의 해방, 이를 통해 나는 자유를 얻게 되는 것이죠."*

여성들은 히잡을 착용해야 공공장소에 출입할 수 있는 현실에서 히잡을 쓰지 않음으로써 사적 영역에 머물기보다는, 히잡을 쓴 무성적 자아를 택함으로써 사회에 진출하고자 한다는 것이다. 즉 역설적이게도 히잡을 억압이 아닌 프랑스 사회로의 진출을 위한 교두보이자 여성 해방의 도구로서 적극 전유한다는 것이다.

---

* Hinde Taarji, 1990, Les volees l'Islam, Paris: Balland. 이지선, 2007, 앞의 글, 재인용.

하지만 히잡을 착용하는 것의 사회적 의미는 시대적 맥락에 따라 커다란 간극이 자리 잡고 있음을 인식할 필요가 있다. 프랑스에서 여성들이 스스로 선택한 히잡은 "여성으로 하여금 가부장제의 빈틈을 비집고 솟아나도록 하는 창구 역할"을 한다고 볼 수 있지만 이란의 경우는 달리 보아야 한다. 1979년 이란의 종교지도자 호메이니Khomeini는 권력을 장악한 이후 여성에게 히잡을 쓸 것을 강요했고 이에 대해 2003년 노벨평화상 수상자 시린 에바디Shirin Ebadi 등 이란의 일부 여성들은 극렬히 저항했다.* 히잡은 시대와 사회적 맥락에 따라 다른 의미를 갖고 또 그것을 착용하는 여성 또한 다양한 역사와 경험을 가지고 있다. 히잡에 대한 찬반양론의 시선에는 성차별주의와 인종주의가 복잡하게 얽혀 있다.

부르키니를 둘러싼 뜨거운 논쟁 또한 쉽사리 가라앉을 것 같지 않다. 프랑스 일부 소도시의 부르키니 착용 금지에 대해 프랑스 최고 행정재판소는 2016년 8월 부르키니 금지를 무효라고 판결했다. "부르키니 금지는 이동의 자유, 양심의 자유, 개인권 등 기본적 자유권을 침해하는 것"이며 "개인의 자유권을 제한하려면 증명된 위험이 있어야 하지만 부르키니는 그렇지 않다"*는 것이다. 서구의 언론들도 부르키니 금지에 대해 반대

---

* 이란 여성들의 여성 억압과 히잡 반대 운동에 대해서는 다음 두 권을 참고했다. 시린 에바디의 『히잡을 벗고, 나는 평화를 선택했다』와 베흐야트 모알리의 『차도르를 벗겨라』.

하는 입장이다. 〈뉴욕타임스〉는 "부르키니 금지는 여성의 신체와 옷을 통제한다는 점에서 다른 종교와 다를 바 없다"며 "부르키니를 금지하면 무슬림 여성들이 해변에 나오지 못하고, 다시 집 안에 갇히도록 하는 것"이라고 비판했다.

흥미롭게도 부르키니를 금지해야 한다는 입장에 정치적 보수와 진보 세력은 그 입장을 함께한다. 극우 세력은 부르키니 논란을 '반反난민' 여론으로 몰아가기 위한 도구로 적극 활용하고 있다. 반면 '친親난민' 정책을 펼치는 프랑스와 독일의 집권 세력 또한 극우 세력이 히잡이나 부르키니를 통해 정치적 영향력을 확대해 나가는 것에 대한 견제 차원에서 부르키니 착용을 금지하고 있다.

그렇다면 신디 씨는 히잡에 대해 어떤 생각을 갖고 있을까? 그녀의 남편은 딸 에이미에게 히잡을 씌우려고 했지만 신디 씨는 단호하게 반대했다. 감히 여자가 남편 의견에 반대를 했다는 이유로 남편은 신디 씨를 심하게 때렸다. 그래도 그녀는 결코 양보할 마음이 없다.

마음의 병을 앓는 딸

남편에게 순종해 온 신디 씨가 이례적으로 강하게 저항한 것은 두 가지 이유에서였다. 첫째는 에이미를 종속적으로 키우지

---

* "유럽은 왜 무슬림 여성을 벗기려 하나", 오마이뉴스, 2016.08.29.

않겠다는 소식에서였고 둘째는 에이미가 자라면서 이상한 행동을 보였기 때문이었다. 에이미는 언젠가부터 잠시도 가만히 있지를 못하고 부산하게 움직이면서 이상한 소리를 마구 질러댔다. 걸을 때도 자연스럽게 걷지 않고 두 발로 깡충깡충 뛰듯이 움직였다. 다른 사람과 눈도 잘 맞추지 않고 잘 먹지도 않고 엄마 말도 통 듣지를 않았다.

에이미가 문제 행동을 보이는 데는 여러 가지 이유가 있다고 신디 씨는 생각한다. 우선은 엄마인 자신 탓을 한다. 신디 씨는 딸을 잘 돌보지 못했다는 죄책감을 지우기 어려웠다. 남편이 구금될 당시 에이미는 겨우 만 한 살이었다. 신디 씨는 이런 어린 딸을 업고 길을 헤매고 사람들을 만나느라 딸에게 제대로 신경을 쓸 수가 없었다. 에이미는 계속 칭얼대고 울고 보챘지만 처리할 일도 많고 가야 할 곳도 많아 신디 씨는 딸에게 충분한 관심을 쏟을 수가 없었던 것이다. 안타깝기 짝이 없는 일이었다.

남편이 집으로 돌아온 뒤부터 신디 씨는 에이미에게 정성을 기울였지만 이제는 남편이 문제였다.

"남편이 나를 마구 때리고 욕설을 하며 함부로 대하는 것을 보고 에이미는 매번 새파랗게 질려요. 얼마나 무섭겠어요. 게다가 남편은 딸도 마구 때려요. 말을 듣지 않는다고 때리고, 기분 나쁘다고 때리고, 에이미가 어린이집이나 학교에 가지 않겠다고 해도 때렸어요. 에이미가 어렸을 때 아빠와 떨어져 있어서 그런지 지금도 아빠를 보고 웃거나 달려가 안기거나 하지 않아요. 아빠가 좋기는커녕 무서운 거예요."

에이미는 날이 갈수록 이상행동을 더 했는데 어린이집에서 머리를 다치면서부터 증상은 더욱 심해졌다. 어느 날 어린이집을 다녀온 에이미의 머리가 심하게 부어 있었다. 책상 모서리에 부딪힌 것 같았다. 깜짝 놀라 어린이집에 물었더니 다른 아이들이 밀쳐서 넘어지는 바람에 그렇게 됐다는 뒤늦은 답변이 돌아왔다. 그날 이후 에이미는 울면서 어린이집에 가기 싫다고 했다. 신디 씨는 선생님에게 문제가 있다는 생각이 들어서 어린이집 원장에게 가서 따졌지만 아무런 조치도 취해 주지 않았다. 어린이집에 CCTV가 있다는 것을 알았다면 확인하자고 했을 텐데, 한국 생활에 서툰 신디 씨가 그걸 알 리가 없었다. 이후 에이미가 심리 상담을 받는 과정에서 선생님이 에이미에게 가한 언어폭력의 실태가 드러났다. 에이미에게 직접적으로 언어폭력을 행사했을 뿐 아니라 다른 아이들에게 에이미가 나쁜 아이이니 어울리지 말라고 하는 등 상처를 줬음이 밝혀졌다. 에이미의 이상행동은 더 이상 방치할 수가 없을 정도였다. 이런 상태에서는 에이미에게 히잡을 씌울 수 없다고 신디 씨는 판단했다. 무엇보다도 에이미를 치료하는 게 급했다.

하지만 신디 씨 가족에게 병원은 쉽게 드나들 수 있는 곳이 아니다. 신디 씨 가족은 2010년 인도적 체류 지위를 획득했는데 이 자격으로는 의료보험을 이용할 수가 없기 때문이다. 남편의 적은 수입으로는 병원은커녕 약을 사먹는 것조차 매번 망설여야 할 정도다. 신디 씨 혼자서 한동안 애를 태우다 난민지원단체를 찾아다니며 도와달라고 호소했다. 그 결과 에이미는 1년 전부터 일주일에 한 번씩 심리 상담을 받고 있다. 외국인노동자 의료공제회에서 출발한 (사)한국이주민건강협회의 '희망의 친구들'이라는 단체가 운영하는 병원에서다. 진단 결과 에이미는 주의력결핍 과잉행동장애(ADHD)를 겪는 것으로 밝혀졌다. 지속적으로 집중할 수 없어 산만하고 충동적인 행동을 하며 지나치게 행동을 많이 하는 장애라는 것이다.

약물 처방도 받고 심리 상담을 꾸준히 받으면서 에이미는 이전에 비해 상당이 좋아졌다. 하지만 이런 에이미에게 히잡을 씌워 학교나 동네에서 따가운 시선을 받고 때론 왕따를 당하게 할 수는 없다. 신디 씨는 남편에게 맞는 한이 있어도 에이미에게는 히잡을 씌우지 않을 작정이다. 남편과 대적해 얼마나 더 버틸 수 있을지 자신은 없지만 말이다.

할랄* 음식 없어 쫄쫄 굶는 에이미

에이미를 어린이집에 보낼 때 신디 씨에게는 걱정거리가 하나 더 있었다. 어린이집 비용을 지원받지 못한 것도 큰 부담이었지만 그보다 더 큰 문제는 에이미의 식사였다. 무슬림은 계율에 따라 만든 할랄 음식만을 먹도록 되어 있다. 할랄은 무슬림들이 먹고 사용할 수 있도록 허용된 식품이나 의약품, 화장품 등에 붙여지는 인증이다. 육류 중에서는 단칼에 정맥을 끊는 방식으로 도축된 양, 소, 닭고기만이 할랄 음식으로 인정된다. 돼지는 욕심이 많고 지저분한 동물로 여겨져 할랄 식품으로 인정받지 못하며, 알코올 성분이 들어 있는 식재료도 할랄 식품이 될 수 없다. 채소나 과일, 곡류, 해산물 등은 자유롭게 먹을 수 있다.

"우리는 무슬림이라 할랄 음식만 먹어요. 그래서 어린이집 교사에게 급식을 할 때 에이미에게는 고기, 특히 돼지고기를 주지 말라고 부탁을 했어요. 그런데 교사는 들은 척도 않고 짜증을 내면서 아예 대답을 안 하는 거예요. 어린이집에서 할랄 음식까지 준비할 수는 없지만 그래도 내 말을 받아는 줘야 하잖아요? 너무 무례하고 나를 무시하는 것 같아 화가 났지만 그래도 뭐 어찌하겠어요. 할 수 없이 에이미에게 별도로 무슬림 음식을 싸줬는데 아예 안 먹고 오는 날이 많았어요. 왜 그러냐고 했더니 다른 아이들이 자꾸 쳐다본대요. 음식도 다르고 그릇도 다르

---

* '할랄(halal)'이란 이슬람교도인 무슬림이 먹고 쓸 수 있는 제품을 총칭하며 아랍어로 '허용된 것'을 뜻한다. 반면 술과 마약류처럼 정신을 흐리게 하는 것, 돼지고기·개·고양이 등의 동물, 자연사했거나 잔인하게 도살된 짐승의 고기 등과 같이 무슬림에게 금지된 음식을 '하람(haram)' 푸드라고 한다.

니까 아이들 눈에 이상했겠지요. 그래도 먹으라고 얘기해도 굶고 오는 날이 많았어요. 쑥쑥 자라야 할 나이인데…. 애간장이 타더라고요."

지난해 초등학생이 된 에이미는 음식과의 전쟁에 이어 본격적으로 한국어와 씨름 중이다. 말은 곧잘 하지만 받아쓰기는 항상 어렵다. 부모가 도와줄 실력이 없으니 시간이 흐를수록 따라잡기가 어렵다. 신디 씨의 남편은 에이미를 아예 파키스탄으로 보내 히잡도 씌우고 정식으로 무슬림 교육을 시키자고 한다. 신디 씨가 안 된다고 강하게 얘기하니 또 남편이 폭력을 휘둘렀다. 그래도 신디 씨는 절대 에이미를 파키스탄으로 보낼 수 없다고 생각한다.

"에이미는 자기가 한국인이라고 생각해요. 비록 한국어를 좀 어려워해도 학교에서 매일 한국어로 배우고 있고 매일 한국말을 사용하고 있어요. 만약 파키스탄으로 돌아가면 모든 걸 처음부터 다시 시작해야 되잖아요. 에이미를 생각하면 눈물이 나서 나 혼자서 가끔 울어요."

신디 씨는 이 어린아이를 엄마 곁에서 떼어 내 파키스탄으로 보낼 수는 없다고 했다. 무슬림 교육을 시키고 싶지도 않다. 신디 씨는 의식이 깨어 있던 어머니 덕분에 대학에서 심리학을 전공했지만 결국에는 아버지가 독단으로 결혼을 정하는 바람에 학업을 중단해야 했다. 그런 전철을 딸에게 또다시 밟게 하고 싶지 않다

인터넷으로 세상과 소통하는 신디 씨

신디 씨와 얘기를 나누면서 시종일관 '참 똑똑하고 야무진 여성'이라는 생각이 들었다. 내가 던지는 질문마다 신디 씨는 막힘없이 대답을 잘했다. 생각도 분명했다. "남편이 왜 출입을 통제하고 일일이 허가를 받게 할까요?"라고 물었더니 서슴없이 이렇게 대답했다. "내가 바깥세상을 자주 접하면 똑똑해지고 그러면 자기 말을 안 들을 것 같으니까 간섭하는 거지요." 가부장제의 여성에 대한 통제의 의미를 이렇게 예리하게 간파하고, 쉽고도 간명하게 표현할 수 있을까. 에이미의 어린이집 비용 부담과 한국어 공부의 어려움을 얘기하다가 그녀는 돌연 전쟁을 비판하기 시작했다.

"미국이나 러시아와 같은 큰 나라들은 전쟁을 위해, 사람을 죽이는 데는 그렇게 많은 돈을 투자하면서 왜 어린이의 미래를 위해서는 투자하지 않는 걸까요? 전쟁에 들어가는 돈을 아이의 미래에 투자하면 그 아이의 힘이 길러지고 그러면 그 아이가 세상을 변화시킬 수도 있잖아요? 사람은 배우면 뭐든지 할 수 있어요. 다른 사람들을 도울 수도 있고요. 어린이의 가능성은 무

궁무진하다고 생각해요. 그런데 우리 에이미를 보면 안타까워서 견딜 수가 없어요. 외국인이라서, 난민이라서 받은 스트레스가 너무 많아요. 그래서 ADHD 장애까지 안게 되고, 국적도 없이 자라고 있고요. 에이미는 난민이 뭔지도 몰라요. 이렇게 혼란스런 정체성을 갖고 자라면 이 아이는 어떻게 될까요? 우리 아이가 갖고 있는 무한한 가능성은 어떻게 해야 하나요?"

에이미와 루시, 두 딸을 잘 키우기 위해 그녀는 돈 버는 일이라면 뭐든지 하고 싶다. 하지만 이제 겨우 만 두 돌이 된 루시를 어린이집에 맡기려면 월 50만 원 정도의 돈을 내야 하니 꼼짝달싹할 수가 없다. 남편은 여전히 신디 씨의 외출을 통제해서 한국에 와서 사귄 친구도 전혀 없다. 한글을 배우려고도 했지만 수업 시간에 루시가 칭얼대고 돌아다니는 바람에 집중도 힘들고 주변에도 미안해서 조금 다니다 그만두었다. 편하게 다닐 만한 곳이 없어 최근 1년 반 남짓 동안 집에만 있었다. 신디 씨는 "이건 삶이 아닌 것 같고 스트레스가 너무 크다"며 괴로워했다. 신디 씨가 고통스런 한국 생활에서 배운 것은 자유와 해방의 진정한 의미다.

그런 그녀가 유일하게 세상과 소통하는 곳이 사이버 공간이다. 대학 시절 인터넷 검색을 배운 덕분에 휴대폰으로 온갖 정보와 뉴스를 검색해 읽고 익히는 게 그녀의 유일한 낙이다. 그동안 자신의 삶에서 뭔가를 자유롭게 선택할 기회가 없었는데 인터넷 공간에서는 무한한 자유를 느낄 수 있어 해방감을 느낀단다. 무료로 들을 수 있는 좋은 강의도 많다고 알려 주니 눈빛을 반짝이며 대번에 관심을 보였다. 인터넷이라는 보이지 않는 공간을 통해 겨우 세상과 만나는 신디 씨. 그녀는 언제 자신의 두 발로 자유롭게 성큼성큼 걸어 나와 오프라인에서 사람들과 만날 수 있을까? 신디 씨를 만나고 돌아오는데 그녀가 전한 마지막 말이 뇌리에서 떠나지 않았다.

"대학 졸업을 못했기 때문에 기회가 된다면 공부를 더해서 나와 같은 상황에 처한 다른 여성을 돕고 싶어요. 그리고 나와 같은 문화권 출신 여성들의 권리를 위해 싸우고 싶어요."

신디 씨의 몸은 여전히 갇혀 있지만 마음은 이미 훨훨 날고 있었다. 나는 그녀의 손을 붙잡고 어디로든 세상 밖으로 나가고 싶은 충동을 참느라 힘들었다. 그 후 일주일 동안 나는 신디 씨와 멀리 달아나는 꿈을 꾸느라 내내 잠을 설쳤다.

6장

전쟁이 가져다준 뿌리 뽑힌 삶

시리아 출신 **나디아**

전쟁과 여성

전쟁은 인간의 존엄을 파괴하는 가장 참혹한 행위다. 현대 인권의 권리장전이라 불리는 '세계인권선언'이 두 차례의 끔찍한 세계대전 이후 만들어진 것도 인간이 존엄한 존재로 살 수 있으려면 어떻게든 전쟁을 막아야 한다는 절박한 깨달음 때문이었다. 생명과 안전을 위협하는 전쟁터에서 인권은 보장받지 못한다.

전쟁은 대체로 남성이 일으키지만 그 전쟁으로 인해 여성과 어린이들이 큰 피해를 입는다. 전쟁의 역사에서는 승리와 전적만이 기록될 뿐, 여성들이 겪는 공포와 절망, 죽음과 폭력, 그리고 슬픔과 그 가혹한 운명은 기억되지 않는다. 여성들은 속절

없이 전쟁을 겪고 역사 속으로 사라져 갈 뿐이다.

남편, 아들, 아버지 또는 오빠 등이 전쟁에 차출된 뒤, 남은 여성들은 가족의 생계를 책임져야 한다. 2016년 콜롬비아의 후안 마누엘 산토스Juan Manuel Santos 대통령은 50년 넘게 지속된 이 나라의 내전을 종식시키기 위해 노력한 공로로 노벨평화상을 수상했다. 콜롬비아의 경우, 2005년부터 3년 동안 전체 인구의 5퍼센트가 넘는 300만 명 이상이 삶의 터전에서 쫓겨나 국내 난민이 되었다. 대부분이 여성이며, 이 중 다수가 전쟁에서 남편을 잃은 여성 가구주다(코번, 2009). 전쟁 과부들은 엄청난 심리적 트라우마와 경제난에 시달리면서 가족과 공동체의 기본적 유대를 이어 가야 하는 무거운 책임을 감당해야 했다. 전쟁을 겪은 나라에서 이 같은 예를 들자면 끝이 없다.

다른 한편 전쟁의 역사는 성폭력의 역사라 해도 과언이 아니다. 전쟁에서 벌어지는 성폭력은 심각하고 만연해 있다. 역사를 거슬러 올라가 보면 로마가 야만족에게 침입당했을 때, 수도원의 수녀조차도 강간을 면하지 못했다. 신학자 어거스틴Augustine은 그 숫자가 수백 명에 달했다고 기록하고 있다(와카쿠와, 2007). 1204년 십자군에 의한 콘스탄티노플 정복은 또 어떤가. 프랑스 화가 외젠 들라크루아Eugéne Delacroix의 작품 〈콘스탄티노플에 입성하는 십자군〉은 사흘 동안 이어졌던 강간과 약탈의 광경을 처참하게 재현하고 있다.

전쟁에서 강간은 부수적인 현상이 아니라 성을 무기로 벌어

외젠 들라크루아, 〈콘스탄티노플에 입성하는 십자군〉

지는 또 다른 형태의 전투다. 자기 나라의 여인이 강간당하는 것은 침략당한 나라의 남성에게 더할 나위 없는 치욕이다. 그건 성을 무기로 한 마지막 일격이다(와카쿠와, 2007). 폭격과 죽음을 피해 피난길에 나선 여성들은 도처에서 성폭력의 위협에 시달린다. 〈뉴욕타임스〉는 2016년 새해 벽두, 피난길에 오른 시리아 난민 여성들이 유럽 국가로의 밀입국을 주선하는 브로커들에게 성관계를 강요받거나 심지어 동료 난민, 친인척, 유럽 경찰들로부터 성폭행을 당하고 있다고 보도했다. 오죽하면 어느 난민 여성은 성폭행을 당하지 않기 위해 소년으로 분장하고 잠든다고도 했다. 또 다른 여성은 성폭행의 두려움 때문에 밤에 화장실을 못 갔다고 했다. 시리아 난민 여성들은 성적 위협으로 가득 차 있는 피란길에 올라야 했다.*

비처럼 쏟아진 로켓탄

전쟁을 겪은 여성들의 일상적 삶에는 참혹한 전쟁의 비극이 생생하게 아로새겨져 있다. 내전을 피해 5년 째 경기도 시흥시에 살고 있는 시리아 출신 난민 여성 나디아 바사르(51세) 씨는 전쟁이 그녀에게 가져다준 지울 수 없는 상처와 고통을 증언했다. 나디아 씨는 고국 시리아의 내전으로 인해 치러야 했던 자신만의 전쟁에 대해 입을 열었다.

> "'꽝' 하는 소리와 함께 순간 온 집이 뒤흔들렸어요. 옆에 있던 막내아들 지브릴(15세)이 나를 왈칵 껴안으며 품속으로 파고들었지요. 지브릴은 그때 겨우 열 살이었는데 온몸을 떨고 있더라고요. 둘째 아들 우마르(22세)는 공포심에 얼굴이 완전히 굳어져 있었고요. 나도 너무 무서워서 엉겁결에 지브릴을 안고 방안 구석진 곳으로 가서 고개를 숙이고 몸을 웅크리고 앉았지요. '이러다 죽을 수도 있겠다' 싶었어요. 잠시 후 정신을 차리고 보니 바로 위층 옥상에서 뻥뻥 터지는 소리와 함께 숨쉬기가 어

* "유럽행 피란길서 '성 노리개' 전락한 시리아 난민 여성들", 연합뉴스, 2016.01.02.

려운 매캐한 냄새가 나고 시커먼 연기가 사방을 뒤덮었어요. 옥상에 난방용 기름 탱크가 있었는데 폭격을 맞아 그곳에 불이 옮겨 붙은 거예요. 집 안의 모든 물건을 다 놔두고 여권과 몇 가지 서류만 챙겨서 1층으로 뛰어 내려갔어요. 그곳에는 초췌한 모습으로 불안에 떠는 이웃들이 모여 있었어요. 포격이 일시 멈춘 때도 겁이 나서 불면의 밤을 보내곤 했지요. 6일 동안을 그렇게 공포에 떨면서 지냈어요."

2011년부터 시작된 시리아 내전에서 나디아 씨가 살던 도시 '홈스'는 격전지였다. 홈스는 시리아에서 세 번째로 큰 도시이자 반정부 자유 시리아군(FSA)의 활동 거점이었기 때문에 연일 정부군의 포격이 쏟아졌다. 2012년 2월 한 국내 일간지는 "홈스에 로켓비가 쏟아지고 민간인의 주검이 땅을 채웠다"고 보도할 정도였다. 300대가 넘는 정부군의 탱크가 홈스를 포위하고 포격을 퍼부어 홈스 시민들은 바깥 세계와 차단된 채 비처럼 쏟아지는 로켓탄을 고스란히 온몸으로 맞아야 했다.

나디아 씨 가족은 그동안 용케 로켓탄의 포격을 피해 왔다. 피난을 가기도 어려웠고 갈 곳도 없었다. 길에 잘못 나갔다가 정부군에 잡히기라도 하면 곧바로 사살되기 때문에 그냥 집에서 속수무책으로 있을 수밖에 없었다. 당시 나디아 씨의 남편은 사업차 카타르와 한국을 오가고 있었고 큰아들 카림(30세)은 한국에서 일을 하고 있어 나디아 씨는 둘째 우마르와 막내

시리아 내전 중에
폭격을 맞아 불타고 있는 나디아 씨 집.
나디아 씨의 이웃이 촬영했다.

지브릴과 함께 홈스에 머물며 전쟁이 끝나기만을 기다렸다. 하지만 그건 2012년 10월 초 이전까지만 가능한 일이었다. 결국 나디아 씨가 살고 있던 집에도 폭탄이 떨어졌다. 그녀가 보여준 동영상을 보니, 집이 포격을 맞아 시커먼 연기가 하늘로 치솟으며 불타고 있었다. 지인이 찍은 뒤 나디아 씨에게 보내 준 동영상이었다. 폭탄이 떨어지고 6일이 지난 뒤에 나디아 씨와 두 아들은 시리아의 수도 다마스쿠스로 도망을 간다. 다행히 남편과 전화 연결이 되어 여러 사람의 도움을 받은 덕택이었다. 그리고 며칠 있다 또다시 그녀와 두 아들은 레바논 국경을 넘었다.

한 달 뒤 쯤 나디아 씨 가족은 베이루트에 있는 한국 대사관에서 한국 입국이 가능한 비자 도장을 받았다. 당시 남편과 큰 아들이 사업차 한국에 있어 폭격 소식을 들은 한국인 동업자가 초청을 해준 덕분이었다. 기뻐서 펄 줄 알았는데 순간 맥이 탁 풀리면서 눈물이 핑 돌았다고 한다. 두 아들을 살릴 수 있겠구나 싶은 생각이 들자 그동안의 긴장이 풀린 까닭이었다. 홈스에 있는 집을 떠날 때 경제적으로 여유가 없었던 나디아 씨는 레바논에 있는 남편의 사업 거래처 여기저기에서 돈을 구해 한국행 비행기 표를 구할 수 있었다.

"2012년 11월, 드디어 비행기에 몸을 실었어요. 막상 타고 보니 무사히 이륙할 수 있을지 기다리는 시간 내내 심장이 쿵쿵 뛰었어요. 우마르는 긴장해서 얼굴이 굳어 있었고 막내 지브릴은 내 손을 꼭 잡고 놓지를 않더라고요. 마침내 비행기가 베이루트의 하늘을 날아오르자 나도 모르게 한숨이 나왔어요. 안심이 되면서도 슬펐지요. 우리는 카타르에서 다시 비행기를 갈아타고 한국에 도착했어요. 두 달 남짓한 기간 동안 참 먼 길을 돌아 한국에 왔네요. 홈스에서 다마스쿠스로, 그리고 레바논과 카타르를 거쳐 한국으로 왔어요. 그야말로 목숨을 건 대탈출이었죠. 혼자도 아니고 두 아들까지 데리고요."

나디아 씨의 남편은 1995년 한국과 사업을 시작했다고 한다. 한국의 중고 자동차를 사서 컨테이너에 실어 시리아의 이웃 나라인 요르단이나 카타르로 보낸 뒤 이를 시리아로 다시 수입해서 파는 사업을 오랫동안 해왔다. 사업을 하면서 남편은 1년에 몇 차례씩 한국을 오갔기 때문에 나디아 씨 또한 한국에 대해 잘 알게 되었다. 남편이 가져다주는 관광 안내 책자에는 서울 이태원에 있는 이슬람 사원이나 한국의 아름답고 푸른 자연과 활기찬 도시를 소개하고 있었다. 내전이 발생하기 훨씬 이전부터 시리아에서 KBS 방송이나 아리랑 방송 등을 볼 수 있었기 때문에 나디아 씨는 한국 드라마를 즐겨봤다. 스토리도 재미있었지만 드라마를 통해 알게 된 한국인들의 생활 습관도 신기했다. 한국에 대한 관심이 커지면서 나디아 씨와 아이들은 배우던 일본어를 중단하고 한국어를 배울 만큼 한국에 대해 호감이 커졌다. 하지만 그런 인연이 한국으로의 피난과 난민생활로 이어질 줄은 꿈에도 생각 못했다.

한국 내의 시리아 난민들

나디아 씨처럼 폭격과 포탄을 뚫고 한국으로 피난 온 시리아 난민은 2016년 말 기준 1,200명을 넘어섰다. 5년째 계속되는 시리아 내전에서 490만 명이 넘는 시리아인들이 난민이 되어 전 세계를 떠돌고 있는 것을 감안하면 한국에 온 이들은 지극히 일부에 불과하다. 한국에도 시리아 난민들이 있다고 얘기하면 사람들은 대부분 놀라움과 호기심을 보였다. 외신을 통해 유럽 국가 접경지대의 난민 얘기를 주로 듣다 보니 강 건너 불처럼 여겼던 듯하다. 하지만 그들은 한국 사회 깊숙이 들어와 있다. 무슬림에 대한 한국 사회의 차가운 눈초리를 의식한 듯 전국 곳곳에 흩어져 조용히 살고 있어 눈에 띄지 않을 뿐이다. 생명과 안전을 지키기 위해서라면 어딘들 못 찾아가겠는가.

하지만 한국에 입국한 시리아 난민 신청자 중 난민으로 인정받은 사람은 현재까지 4명에 불과하다. 난민인정률로 따지면 0.3퍼센트이다. 차마 밝히기 부끄러울 정도로 미미한 수치로, 한국의 평균 난민인정율 3퍼센트와 견주어도 10분의 1에 불과하다. 시리아 국적자에 대해서는 난민 심사가 더 가혹하다는 뜻이다. 한마디로 시리아 난민에 대한 한국 정부의 태도는 인색하기 짝이 없다.

그렇다면 난민으로 인정받지 못한 시리아 난민들은 어떤 자격으로 한국에서 살고 있을까? 전체 신청자의 71.5퍼센트에 해당되는 874명은 '인도적 체류자'로 살아가고 있다. 그들은 '내전이 끝날 때까지' 한국 땅에 체류만 할 수 있다. 취업 활동 외에 주어진 권리는 아무것도 없다.

한국 정부는 2014년 중반쯤부터 난민 신청을 한 시리아인에 대해서 일률적으로 인도적 체류만을 허가하고 있다. 개인의 구체적인 박해 여부는 상세히 살피지 않고 기계적인 판정만을 내리고 있는 것이다. 시리아 난민에 대한 수용 책임이 국제적으로 중대한 의제가 되어 있는 통에 차마 강제 송환은 못하지만 그들의 처우나 권리 보장 등에는 별다른 책임을 지지 않겠다는 태도다. 게다가 최근 들어 해외공관에서 시리아인에게 비자를 발급하지 않음으로써 아예 시리아 난민이 한국에 들어올 수 없게 막고 있다(피난처, 2015). 한 시리아 난민 여성은 "아이들과 함께 한국에 가기 위해 터키에 있는 한국 대사관에 비자 발급을 신청했지만 거부당했다. 할 수 없이 터키-레바논-카타르-말레이지아-중국을 거쳐 14일 만에 한국에 도착했다"고 토로했다(피난처, 2015).

인천공항에 갇힌 시리아 출신 난민

시리아 난민 신청자에 대한 한국의 비인도적 처우는 인천공항 송환대기실에 수용되어 있는 시리아인들의 열악한 체류 환경을 통해서도 엿볼 수 있다. 국내 언론을 통해 알려진 상황은 이렇다. 인천공항 내 여객터미널 동편 끝에 송환대기실이라는 곳이 있는데 이곳에 시리아인 28명이 길게는 5개월 이상, 창 하나 없는 숨 막히는 방에서 치킨버거와 콜라로 연명하며 지냈다.* 송환대기실은 여러 이유로 국내에 입국할 수 없는 사람들이 다시 본국으로 돌아갈 때까지 머무르는 공간이다. 이전에는 여권을 위조하거나 변조한 사람들이 주로 송환대기실을 이용했다. 그런데 요즘엔 난민 신청자 중에서 난민 심사 자체를 받을 자격이 없다고 판정된 이들이 강제로 본국으로 돌아가기 전에 머무는 공간이 된 것이다.

2013년 난민법이 제정되면서 한국에서도 출입국항에서 난민 신청을 할 수 있게 되었다. 이에 따라 내전 이후 한국으로 입국한 시리아인 중에 다수가 공항에서 난민 신청을 했지만 이 중 28명이 심사를 받을 자격조차 없다고 판정받아 송환대기실에 머물게 되었다. 언론 보도에 따르면, 원래 송환대기실은 30명 정도가 정원인데 입국이 거부된 사람이 급증하면서 150명 정도가 수용되면서 숨쉬기조차 어려운 형편이었다. 나무 평상 위에서 달랑 담요 한 장 덮고 자야 하는데 그 공간마저 부족해 바닥에 종이박스를 깔고 포개듯이 자는 모습은 충격적이었다. 압축적 경제성장과 민주주의를 동시에 이뤘다고 자랑하는 한국에

---

* "시리아 난민 28명, 창 없는 방서 5개월째 햄버거로 끼니" 중앙일보, 2016.04.25.

서 일어나는 상황이라고는 믿기 어려운 인권유린의 현장이었다.

이는 송환대기실의 불분명한 법적 지위에서 비롯된 것이다. 현행 난민법상으로는 난민 신청을 했거나 난민 심사를 받고 있는 외국인에 대해서만 국가가 보호하도록 규정되어 있다. 때문에 난민 심사를 받을 자격이 없다고 판정된 외국인에 대해서는 한국 정부가 아무런 보호를 하지 않는 것이다. 때문에 한국의 법무부가 아니라 항공사로 구성된 항공사운영위원회(AOC)가 관리하는 부담을 떠안고 있다. 항공사로서는 울며 겨자 먹기로 송환대기실의 외국인들을 보호할 수밖에 없는데, 그 수가 많아지다 보니 아무래도 환경이 형편없을 수밖에 없다. 특히 이슬람교를 믿는 시리아인의 경우에는 할랄 음식만을 먹기 때문에 제공되는 치킨버거에서 고기를 빼고 빵만 수개월 먹으며 버티고 있었다. 이곳에서는 허락을 받지 않으면 외부출입을 할 수도 없으며, 변호인을 제외한 외부인이 들어갈 수도 없어 외부와는 완전히 단절된 상태였다.

난민 심사 대상에서 제외됐던 시리아인 28명은 인천지법에 '불회부 결정 취소소송'을 냈고 법원 판결이 날 때까지 최대 7개월 정도를 송환대기실에 머물렀다. 이 중 절도 혐의를 받은 2명을 제외한 26명은 소송에서 이겨 2016년 7월 일단 입국이 허가됐다. 송환대기실의 시리아 난민에 관한 인권유린은 CNN 등 외신에도 보도돼 비판을 받았다. 참으로 부끄러운 일이 아닐 수 없다.

한국 중고차의 천국 시리아

정확한 통계나 조사는 없지만 시리아 내전이 발발하기 훨씬 이전부터 한국에는 꽤 많은 시리아인이 입국해 있었다. 이들은 서울을 비롯한 경기도와 대전·대구 등 전국의 주요 도시에 널리 퍼져 살고 있다. 한 난민지원단체가 조사 보고서를 작성하는 과정에서 다수의 시리아 난민이 살고 있는 지역으로 서울, 인천, 대전, 대구, 광주, 마산, 춘천 등 전국의 대도시와 경기도 동두천·양주·용인·수원·파주 등 10여 개 도시를 조사한 것으로 봐서 시리아 난민들의 거주지는 전국에 넓게 분포되어 있다. 그들은 대부분 중고자동차 수출이나 폐차 부품 분리 등과 관련한 일을 하고 있었다(피난처, 2015). 나디아 씨의 남편도 이런 사람들 중 하나였다.

이는 시리아에서 한국의 중고차가 최고의 인기를 구가하고 있는 현상과 직접적인 연관이 있다. 한국과 시리아는 국교가 없지만 2000년대 중반에 이미 시리아 도로 곳곳은 온갖 종류의 한국산 자동차가 굴러다니고 있었다고 한다.* 2006년 시리아의 수도 다마스쿠스를 방문했던 한 주간지 기자는 "묵었던 호텔 주차장에 한국 차가 하도 많아 대충 헤아려 보니 절반이 넘었다"며 "한국산 차가 그렇게 많이 달리는 나라는 시리아가 처음이었다"고 보도할 정도였다.

---

* "한국 중고차의 천국 시리아", 주간조선, 2150호.

시리아에 돌아다니는 중고차는 보통 시리아의 이웃 나라인 요르단을 통해 유입된다. 2000년대 이후, 요르단과 이라크, 시리아는 한국 차의 삼각지대로 불렸다(김동현, 2004). 당시 세 나라에 대한 대한무역투자진흥공사(KOTRA)의 동향보고서는 "천재 속셈학원, 장충동 왕족발, 리도관광호텔 나이트 등과 같이 한국어 광고판을 그대로 달고 다니는 한국산 중고차를 어디서든 볼 수 있다"고 생생하게 전하고 있다. 가격 대비 성능이 좋다고 알려져서 없어서 못 팔 정도였다는 것이다.

시리아에서 한국 중고차의 인기는 내전 발생 이후에도 식지 않았다. 전투 현장에서 무장 세력이 한국산 트럭을 타고 이동하거나 기관총과 로켓을 싣고 다니는 모습이 종종 눈에 띈다고 한다.* 내전이 한창이던 2013년에도 터키 등을 통해 매월 4,000~5,000대의 중고차가 수출될 정도였다.**

시리아에서 한국산 중고 자동차가 인기를 끈 배후에는 1990년대 중반부터 한국에서 중고 자동차와 부품을 시리아로 수입해 온 시리아인들이 있었다. 그런데 이들이 중고 자동차를 수입하는 방식은 특이하다. 사업가들은 시리아인 자동차 수리 기술자나 인부 수십 명을 데리고 한국에 입국한다. 이들은 한국에 입국한 첫날부터 관광비자가 허용되는 3개월 동안 전국의

* "중동전쟁 속의 국산 중고차", 중앙일보, 2015.11.14.
** "리비아 시리아 도미니카 공화국 수출 늘어-4분기 인천 중고차 시장 활기", 인천일보, 2013.12.06.

중고차 또는 폐차 집결지 인근에 머물면서 자동차 부품 분리와 중고차 수리, 그리고 이를 컨테이너에 적재하는 일까지 중고차 수출에 필요한 모든 일을 처리한다. 한국 노동자에 비해 비교할 수 없을 정도로 임금이 쌀 뿐만 아니라 하루 12시간 이상 일을 부릴 수 있기 때문에 노동력을 직접 공수해 오는 것이다. 비자 기간이 만료되면 이들은 본국으로 돌아가고 또 다른 그룹의 기술자와 노동자들이 교대로 한국을 방문해 같은 방식으로 일을 한다.

전쟁이 발발하자 수많은 시리아인들이 생명과 안전을 찾아 피난을 떠났다. 어디로 갈 것인가? 아무래도 연고가 있거나 조금이라도 아는 나라를 먼저 찾을 수밖에 없다. 그런 이유로 중고 자동차 무역이나 수리 등으로 한국에 와봤던 시리아인들이 한국 땅을 찾아온 것이다. 이 경우도 경제력에 따라 피난의 양태가 달라진다. 중고 자동차 사업을 하던 사업주의 경우 경제력이 탄탄해 가족 모두를 데리고 한국으로 올 수 있지만, 기술자나 단순 노동자의 경우 가족은 시리아 인근 나라에 두고 일단은 단신으로 한국에 들어오는 경우가 많다. 아예 형편이 되지 않는 경우는 시리아 내에 머물 수밖에 없다. 전쟁이 발발할 당시에 한국 땅에 머물고 있던 이들은 고향으로 돌아갈 수 없으니 현지 체제 중 난민 신청을 했다. 난민 신청 뒤 인도적 체류 지위를 받은 시리아인들은 이전처럼 폐차장 등에서 임시직이나 아르바이트를 하며 생계를 잇고 있는 형편이다.

또 하나의 전쟁

이제 다시 나디아 씨 얘기로 돌아와 보자. 한국에 도착한 나디아 씨 가족은 당장 갈 곳이 없었다. 남편과 큰아들이 이미 한국에 체류하고 있었지만 다섯 가족이 같이 살 만한 집을 구할 여건이 안 됐다. 나디아 씨는 막내아들 지브릴만을 데리고 전주시에 있는 이슬람 사원에서 두 달 동안을 지냈다. 그런데 이슬람 사원이 확장 공사를 하는 바람에 어쩔 수 없이 그곳을 나와야 했다. 간신히 두 아들이 일하는 경기도 시흥시 쪽으로 작은 방 하나를 얻었다. 같이 지내기엔 공간이 너무 협소해 첫째와 둘째 아들은 여전히 회사 기숙사를 이용했다.

"한국에 온 뒤 집 때문에 꽤나 속이 상했어요. 그때 큰아들이 스물다섯 살, 둘째가 열일곱 살이어서 각자 방을 원했지만 불가능한 일이었죠. 한국의 집값이 엄청나잖아요. 시리아 집이 제법 크고 좋았기 때문에 아무리 피난을 왔다 해도 갑자기 비좁고 낡은 집에 살려니 적응하기가 쉽지 않더라고요. 서럽고 외롭고 막막하고…. 각오는 했지만 막상 닥치니 너무 힘들었어요."

온 가족이 흩어져 살다 마침 두 아들이 다니는 공장의 사장이 2,500만 원이나 되는 거금을 선뜻 빌려줘서 시흥에서 작은 아파트를 임대할 수 있었다. 하지만 돈 2,500만 원을 담보로 공장 사장은 두 아들을 노예처럼 부렸다. 아침 일찍 일어나서

밤늦게 잠자리에 들 때까지 일거수일투족을 감시하고 자신의 수족처럼 부렸다. 아들이 구체적으로 얘기하지는 않지만 욕설이나 폭력도 당하는 듯했다. 급기야 일상생활까지 간섭해서 두 아들 모두 스트레스를 많이 받아 결국 공장을 그만두고 돈을 돌려주었다. 임대 보증금이 없어 경찰에 찾아가 도움을 요청해 보기도 했지만 무슨 도움을 받을 수 있었겠는가. 나디아 씨가 아랍 음식을 해주면서 알게 된 사우디아라비아 출신 유학생에게 조금씩 돈을 빌려 보증금 500만 원을 마련할 수 있었다.

지금 살고 있는 집은 보증금 1,000만 원에 월세 55만 원과 관리비 3만 원을 내고 있다. 시흥시 정왕역에서 좀 떨어진 곳에 20평 남짓한 연립주택이다. 부엌과 거실이 좁아 옹색하지만 그래도 방이 3개여서 다행이다.

그 와중에 나디아 씨는 또 다른 전쟁을 치러야 했다. 시리아 내전도 아니고, 한국에서의 낯설고 차별적인 환경과의 싸움도 아닌, 남편과의 전쟁이었다. 남편은 원래 시리아 국적과 레바논 국적을 모두 갖고 한국과 카타르, 시리아를 오가면서 사업을 하고 있었는데 카타르에서 둘째 부인을 얻어 새 살림을 차린 것이다. 시리아에 있을 때부터 남편 태도가 이상하다고 여겼는데 한국에 오고 난 뒤부터는 남편과 연락이 더 뜸해지기 시작했다. 보내 주던 생활비가 점차 줄어들더니 1년 전부터는 아예 한 푼도 보내지 않고 있다. 가끔 한국에서 구하기 어려운 시리아 양념이나 아랍 음식 등도 카타르에서 보내 주곤 했는데 그것도 어느 순간 끊겼다.

"제발 남편이 정신을 차리고 다시 같이 살면 좋겠어요. 고향에서 이렇게 멀리 떨어진 곳에 아는 사람 하나 없이 고립되어 살고 있는데 남편마저 나와 아이들을 버렸다고 생각하니 눈앞이 캄캄하고 어떻게 살아야 할지 모르겠어요. 전쟁은 언제 끝날지도 모르겠고, 설사 전쟁이 끝난다 해도 비행깃값을 어떻게 마련하겠어요. 또 그곳에 있던 집은 폭격을 당해 완전히 폐허가 됐는데 돌아간들 살 방도도 없고요."

남편이 당장 눈앞에 없으니 대화를 할 수도, 사정을 할 수도 없었다. 어렵게 연결된 국제전화를 통해 얘기를 해보았지만 남편의 마음은 움직이지 않고 있다. 아이들을 위해서라도 돌아와 달라고 빌어도 보고 소리도 질러 봤지만 남편은 꿈쩍도 하지 않고 있다.

시리아 내전으로 인해 가족 관계에 문제가 발생하는 경우는 비단 나디아 씨만이 아니다. 이혼과 일부다처 혼인이 대표적인 예다. 다시 외신을 통해 상황을 살펴보자.* 전쟁 때문에 경제

* "사촌의 둘째 아내 된 시리아 과부 … 내전 후 일부다처 혼인율 급증", 연합뉴스, 2016.09.12.

난을 겪으면서 남편과 아내가 각자 원래 가족에게 돌아가 살거나, 아니면 남편이 난민생활 중에 새로운 아내를 만난 뒤 시리아 아내에게 이혼을 요구하는 사례가 늘고 있다는 것이다. 이혼이 엄격한 시리아에서 2010년 연간 5,000건에 불과하던 이혼 건수는 전쟁 후 7,000건으로 무려 40퍼센트나 증가했다.

일부다처혼은 더욱 심각하다. 2015년에는 전체 혼인 건수의 30퍼센트를 차지했다. 전쟁 이전에는 고작 5퍼센트 정도였다. 전쟁으로 남편을 잃고 재산도 직업도 없이 아이들과 함께 남은 여성은 친족 또는 이웃 남성의 둘째, 셋째, 넷째 부인으로 재혼을 하는 게 흔한 일이 돼버린 것이다. 집세를 내지 못한 젊은 과부가 집주인의 둘째 아내가 되기도 한다. 이슬람 사회에서 일부다처는 이슬람 초기 전쟁에서 수많은 남성들이 사망하면서 과부와 고아들이 급증하자 이들을 구제할 수 있는 효과적인 방도로 한 남자가 여러 아내를 맞아들이도록 한 데서 연유한다(이희수·이원삼, 2008). 즉 경제 능력이 없는 여성을 보호한다는 취지에서 시작된 것인데 시리아 내전에서의 사례는 매매혼의 성격이 짙다고 할 수 있다.

아직까지도 나디아 씨는 아무런 방도를 찾지 못하고 있다. 남편이 마음을 고쳐먹고 돌아오거나, 아니면 최소한 생활비라도 보태 주기를 바랄 뿐이다. 남편은 현재 레바논 국적으로 카타르에 머물고 있고, 나머지 가족들은 시리아 국적으로 한국에 있기 때문에 시리아로 돌아가지 않으면 이혼을 해도 위자료나 자녀 양육비를 받아 낼 길이 없다. 앞뒤가 꽉 막힌 어둠 속에서 고통을 껴안고 살아갈 수밖에 없는 형편이다.

나디아 씨 가족이 경제적으로 기댈 수 있는 수입은 큰아들이 받는 월급 150만 원뿐이다. 네 식구가 월세를 내고 나머지 돈으로 아무리 아껴 써도 생활비와 교육비를 감당할 수 없는 형편이다. 둘째 아들은 "지금처럼 살다가는 아무런 미래도 없다"며 공장을 때려치우고 집 근처의 공과대학에 다니기 시작했으나 매 학기 200만 원가량의 등록금을 마련하지 못해 번번이 쩔쩔매고 있다. 나디아 씨도 사방에 일거리를 부탁한 끝에 두 개의 아르바이트를 시작했다. 아랍어를 배우려는 한국 학생들을 가르치는 일과 한국 땅에 머무르고 있는 사우디아라비아 학생들에게 아랍 음식을 해주고 수고비를 조금 받는 식이었다. 그러나 아직까지 그녀의 노력은 가계에 별 도움이 못 되고 있다. 한국어를 못하는 나디아 씨가 영어로 아랍어를 가르치다 보니 배우러 오는 학생이 줄어들었고 결국 9개월 전부터는 이마저도 하지 못하고 있다. 하루하루가 전쟁처럼 느껴지고, 앞날을 생각하면 머릿속이 하얗게 되는 것 같다. 이럴 바엔 차라리 폭격이 쏟아져도 고향에서 사는 게 더 나을 뻔했다는 생각마저 든다. 목숨을 걸고 전쟁을 피해 도망을 왔으나 또 다른 전쟁이 그녀의 목을 조르고 있다.

견디기 힘든 문화적 충격

나디아 씨는 "한국을 떠나고 싶다"고 딱 잘라 말했다. "밤에 잠자리에 들 때도, 아침에 일어나서도 한국을 떠나고 싶은 생각밖에 들지 않는다"고 했다. 인터뷰에서 만난 다른 난민 여성들이 차별과 무시, 가난에도 불구하고 한국에서 살고 싶다고 말한 것과 대조적이었다. 한국을 떠나고 싶은 마음은 세 아들도 마찬가지다. 가족 중 유일하게 한국을 좋아한 큰아들마저 최근에 마음이 변했다. 열심히 벌어도 생활비로 돈이 다 들어가니 스트레스를 받고, 둘째는 학비 걱정에, 막내 지브릴은 학교에서 배우는 내용 때문에 스트레스를 받아 한국을 벗어나고 싶다고 했다.

"아랍 사회에서는 식사할 때 술을 못 마시게 해요. 그런데 한국인은 일상적으로 술을 마시더라고요. 술을 너무 많이 마시니 한국에서 살기가 힘들어요. 게다가 학교에서 어린 학생들에게 성교육을 하다니요! 지브릴은 이제 겨우 중학교 1학년인데요. 시리아에서는 대학에 가기 전까지 절대 성교육을 하지 않아요. 지브릴이 성교육을 받고 온 날 우리는 큰 충격을 받았어요. 그날 이후 하도 답답해서 남편에게 연락해서 상의도 해봤지만 남편은 계속 모른 척만 하고 있고요. 학교에 보내면 계속 이런 교육을 받을 것이고 그렇다고 학교에 안 보낼 수도 없잖아요. 다른 나라에서 교육을 시키고 싶은데 어딜 가서 살아야 할지 몰라 너무 답답해요. 한국은 우리에게 맞는 나라가 아닌 것 같아요. 기회가 되면 꼭 한국을 떠나고 싶어요."

한국과 가장 다른 문화적 차이를 보이는 지역은 중동이라고 쓴 기행문을 본 적이 있는데, 나디아 씨 가족이 한국 문화에서 느끼는 이질감이 예상을 훨씬 뛰어넘는 듯했다. 옆에서 통역을 해주던 시리아인도 "무슬림들은 한국이 잠시 지나가는 '환승국'이지 오래 살 곳이 못 된다고 말해요. 술, 음식, 교육, 종교적인 문제 때문에 그렇습니다"라고 거들었다. 나디아 씨는 지브릴이 학교에서 배우는 공부에도 불만이 많았다. 한국의 역사나 정치만 가르치고, 세계사도 중국이나 유럽사만 가르친다고 했다. 생각해 보니 정말 중동의 역사나 종교, 문화에 대해 제대로 배운 적이 없다. 사도 바울이 다메섹 도상에서 눈에 비늘이 벗겨지면서 예수를 체험하고 회개했다는 성경 속의 그 다메섹이 시리아의 수도인 다마스쿠스라는 것 정도가 고작 시리아에 대해 알고 있는 바다.

돌아갈 수 없는 고향

나디아 씨의 고향 홈스는 잿더미가 되었다. 국제 뉴스는 시리아 내전 소식을 전하면서 황폐화된 홈스의 모습을 자주 비춘다. 문화 유적지는 거의 파괴되고, 화려했던 홈스 시내 중앙광장도 부서진 건물과 뼈대만 남아 죽은 도시처럼 황량하다. 홈스가 반정부 세력과 정부군 간의 치열한 전투가 연일 벌어지는 격전지가 되다 보니 도시 전체가 완전히 붕괴되고 만 것이다. 고향 소식을 듣고 싶어 틈만 나면 TV에서 국제뉴스를 챙겨 보지만, 부서진 건물의 잔해만 나뒹구는 홈스의 전경을 보고 있노라면 가슴이 미어지는 것 같다. 홈스를 떠나올 때만 해도 언젠가는 고향으로 돌아가겠다고 결심했었는데, 지금 상태로는 고향에 돌아가도 살기 어려울 것 같아 혼자 있을 때 많이도 울었다. 나디아 씨가 기억하는 고향은 이미 존재하지 않는다.

그녀는 하루 다섯 차례 빠짐없이 기도한다. 인터뷰 때도 기도 시간이 되자 방으로 들어가 한동안 기도를 하고 나왔다. 무슨 기도를 했냐고 물어도 옅은 미소만 보일 뿐 대답이 없었다. 알라신이 그녀에게 내린 행복은 겨우 이 정도일까? 불어오는 바람을 피하기 어려운 것처럼 나디아 씨가 견뎌야 할 여러 종류의 전쟁은 숙명일까? 그녀와 그녀의 아들들이 한국이라는 '환승국'을 떠나 영원히 정착할 '안식처'가 과연 지구상 어딘가에 있기나 할까? 나디아 씨의 종점을 향한 여행은 언젠가 끝날 수 있을까? 아니면 정처 없이 표류하다 좌초하고 말 것인가?

인터뷰를 하면서 그녀는 여러 번 울었는데 막내아들 지브릴의 얘기가 나올 때만큼은 순하고 둥근 얼굴이 보름달처럼 환해졌다. 지브릴이 성적은 별로 좋지 않지만 중국어를 잘 배워서 칭찬을 받았고 초등학교 졸업 때는 상도 받았고 했다. 눈물이 넘쳐 나는 가운데서도 때때로 환하게 웃는 나디아 씨. 사막의 나라 시리아에서 탈출했던 그녀에게 모래 한 알만큼의 행복과 희망이라도 주어지길 바랄 뿐이다.

7장

연대로 꽃피운 난민의 삶

콩고 출신 **미야**

"인간은 멸망할지언정 패배하지 않는다"

고국 콩고에서의 박해를 피해 한국에서 난민으로 살아가는 미야(41세) 씨를 인터뷰하고 돌아오면서 어니스트 헤밍웨이의 소설 『노인과 바다』가 문득 떠올랐다. 80여 일 동안 고기 한 마리 잡지 못하던 일흔의 노인 산티아고는 어느 날 먼 바다에서 거대한 청새치 한 마리를 발견한다. 이틀 동안의 고독한 사투 끝에 노인은 작살로 청새치의 배를 가르지만 "너무 좋은 일은 오래가지 못 한다." 피 냄새를 맡고 상어 떼가 몰려들고 노인은 청새치를 보호하기 위해 또 한 번의 사투를 벌이지만 결국 남은 것이라곤 청새치의 앙상한 뼈뿐. 노인은 절규하듯 중얼거린다. "인간은 멸망할지언정 패배하지 않는다." 인생의 돌부리에 채여 넘어질 수는 있어도 결코 무릎을 꿇고 포기하지는 않겠노라는 뜻이리라.

작가가 작품을 통해 전하고 싶었던 이 강력한 메시지를 미야 씨는 직접 삶으로 증명해 보이는 것 같았다. 경기도 시흥시에 있는 그녀의 집을 방문했을 때, 밝고 환하게 웃으며 반겨 주는 그녀에게서 품위가 느껴졌다. 차분하면서도 상냥한 태도, 그리고 조리 있고 편안하게 말하는 모습은 외신을 통해 접한 여느 난민 여성들의 불안하고 불안정한 모습과는 대조적이었다.

그녀라고 고난의 여정이 없었겠는가. 2004년에 난민 신청을 했는데 2011년에야 난민으로 인정을 받았으니 고통스런 박해의 경험이 없을 리 없다. 한국에 오기 전까지 그녀는 콩고민주공화국(이하 콩고)에서 미래가 촉망되는 인텔리 여성이었다. 국립 킨샤사 기독교대학에서 마케팅과 경영학을 전공한 미야 씨는 졸업 후 킨샤사 주재 미국대사관에서 행정직원으로 근무했다. 일급 기밀문서를 비롯하여 대사관으로 들어오는 모든 문서를 열람하는 일이 그녀의 업무였다.

일하기 시작한 지 1년 반쯤 되던 2004년 6월, 그녀의 나이 스물여덟 살 때였다. 콩고의 정부관리 2명이 미야 씨가 자신들의 문서를 열람하는 것을 거부했다. 상관의 특별한 승인이 없이는 어떠한 경우라도 문서를 체크해야 했기 때문에 미야 씨는 재차 열람을 촉구했다. 그러자 그 관리들이 미야 씨를 르완다 정부를 위해 일하는 스파이로 몰기 시작했다. 당시 콩고와 르완다는 극렬하게 대립하고 있었는데 미국이 르완다를 지원하고 있어 미국대사관에서 근무하던 미야 씨를 의심의 눈초리로 바라본 것이었다.

정치적 대립과 갈등은 결국 그 시대를 살아가는 개인에게 고통을 전가한다. 얼토당토않게 르완다 스파이로 몰린 미야 씨의 인생은 하루아침에 곤두박질을 쳤다.

"대사관에서 나를 미국 스파이라고 의심하기 시작한 지 며칠 되지 않아 콩고 정부군이 우리 집을 찾아왔어요. 집에서 연락을 해줘서 일단 친구 집으로 피신을 했지요. 그 뒤에도 정부군은 또 우리 집을 찾아왔어요. 나를 찾기 위해 혈안이 돼 있었던 것 같아요. 내가 없으니 급기야 여동생을 강간하고 남동생에게는 폭력을 휘두르고 돌아갔어요. 친구 집에서 잠도 못 자고 벌벌 떨며 지내면서 생각해 보니 아무래도 콩고에 있다가는 목숨을 부지하기 어렵겠다 싶더라고요. 일단 몸을 피해야겠다고 작정하고 주변에 비자와 비행기 표를 부탁했어요. 바로 위 상관을 비롯해 주변에서 007 작전하듯이 모험을 한 끝에 어렵게 비자를 발급받고 비행기 표도 구할 수 있었어요. 비행기 표를 받자마자 공항을 향해 달려 이륙하기 불과 20분 전에 공항에 도착했어요. 가족과 작별 인사조차 하지 못한 채, 겨우 옷가방 하나 달랑 들고요. 그때가 대사관에서 일이 터진 지 겨우 한 달 쯤 지난 때였어요. 가까스로 비행기에 올라타서 비행기 표를 보니 한국 가는 비행기더라고요. 아시아에 있는 올림픽과 월드컵 개최국이라는 정도만 알았을 뿐, 아는 사람이 전혀 없는 먼 곳이었지요. '그곳에 과연 내 몸 하나 안전하게 누울 곳이 있을까?'라는 생각에 많이 울었어요."

비행기는 무사히 인천공항에 도착했지만 너무 무서웠다. 입국하다 잡혀서 도로 콩고로 송환될지도 모른다는 두려움 때문에 가슴이 쿵쿵 뛰었다. 간신히 공항을 통과한 그녀는 무작정 택시를 타고 택시 기사가 안내한 호텔에서 2주 동안 빵과 우유만 먹으며 꼼짝 않고 틀어박혀 지냈다. 한국에 온 지 한 달 쯤 지난 뒤에야 미야 씨는 우연히 만난 나이지리아 사람에게서 한국에 있는 콩고 사람들의 모임을 소개받았다. 그곳에서 지금의 남편인 듀방(44세) 씨를 만났다.

불행 중 다행이랄까. 듀방 씨는 성품이 좋았다. 그는 한국에 오기 전 중국에서 약 3년간 머물렀던 경험이 있어 이국땅에서 혼자 사는 여성의 어려움을 잘 이해하고 있었다. 도움을 주면서 대가를 요구하지도 않았다. 집을 구하는 문제부터 체류 비자를 발급받는 것까지 듀방 씨의 도움으로 미야 씨는 그나마 안정적인 생활을 꾸릴 수 있었다. 그리고 만난 지 3개월만인 2004년 10월에 두 사람은 결혼에 골인했다. 미야 씨는 "남편이 너무 멋진 사람이라서 결혼을 서둘렀다"며 유쾌하게 웃었다. 무엇보다 듀방 씨는 미야 씨의 얘기를 진지하게 잘 들어줬다.

절벽 끝으로 몰린 것 같던 미야 씨는 듀방 씨 덕분에 차츰 안정을 찾을 수 있었다. 그런데 경제적인 문제는 남편에게 전적으로 의존할 수밖에 없었다.

미야 씨도 돈을 벌기 위해 일자리를 찾지 않은 것은 아니었다. 직업소개소를 통해 공장에서 물건을 포장하는 일을 어렵사리 구했다. 어느 사회든지 난민에게는 그가 가진 능력이나 잠재력과는 전혀 상관없이 일차적인 노동을 맡긴다. 난민이 됨과 동시에 난민은 짐이고 골칫거리일 뿐이다. 콩고에서는 누구나 부러워하는 전문직 여성이었던 미야 씨가 한국에서 할 수 있는 일이라고는 허드렛일이나 단순 반복적인 일밖에 없었다(김현미 외. 2010).* 그러나 그것마저 석 달만에 해고됐다. 난민으로 인정받지 않았기 때문에 일을 하는 것이 불법이라는 이유였다.

미야 씨가 난민 신청을 한 것은 한국에 온 지 한 달 후인 2004년 8월이었는데 그 당시 법으로 난민 신청자는 일을 할 수 없었다. 신청자에게 난민 신청 접수증만 발행해 주고 외국인 등록증도 발급해 주지 않았다. 게다가 난민 신청 접수증에는 "돈 버는 일을 할 수 없다"라는 문장이 인쇄되어 있었다. 난민으로 인정받기 전까지는 일을 해서 돈을 벌 수 없으니 어떻게 연명하고 살라는 말인가? 별 수 없이 소위 '불법취업'을 할 수밖에

---

* 2010년 법무부의 실태조사에서도 난민 신청자의 대부분이 파트타임(34퍼센트)이나 일용직(23퍼센트)으로 일한다는 사실이 드러났다.

없다. 미야 씨도 그랬다. 난민 신청 접수증에 "돈 버는 일을 할 수 없다"라고 적힌 부분을 잘라 내고 취업을 시도했다. 하지만 석 달만에 이 같은 사실이 발각되면서 미야 씨는 결국 일자리를 잃었다.

콩고 여성 삼총사

그래도 미야 씨의 삶은 아주 조금씩 안정되어 갔다. 아들 둘을 낳아 키우느라 고생을 많이 했는데 아이들이 벌써 열두 살, 열 살이다. 두 아들은 한국 국적도, 콩고 국적도 취득하지 못하고 무국적자 상태라서 일상에서 여러 가지 어려움을 겪고 있다. 큰아들 제레미야는 태권도를 좋아해 2년 동안이나 배웠지만 국적이 없어 국기원에서 인증된 품띠를 받지 못했다. 피부색이 검은 아이들에 대한 차별과 혐오로 평생 두 아들의 가슴에 멍이 들까 봐 걱정을 많이 했지만 다행히 아직까지는 밝고 건강하게 자라고 있다. 공부도 잘하는 편이어서 자라서 의사가 되면 좋겠다. 하지만 피부색이 검은 의사에게 한국인들이 진료를 받으려 할지 의문이다. 그런 생각을 하면 가슴이 답답하다. 어쨌든 두 아들은 그녀에게 삶의 즐거움이자 보람이며 삶을 지탱시켜 준 기둥이다.

신혼 초기에는 월세방의 보증금도 마련하기 어려워서 절절맸다. 지금은 월세 60만 원을 내고 경기도 시흥시에 있는 23평 규모의 연립주택에서 제법 모양새를 갖추고 산다. 인터뷰를 위해 방문했을 때 그녀의 집은 밝고 환했다. 힘이 넘쳐 나는 아들 둘을 키우기에는 방이 좁아서 조금 복잡해 보였지만 식탁과 소파, 창문에 걸린 커튼 등은 평범한데도 왠지 미야 씨의 안목이 느껴졌다. 벽면을 장식한 아프리카 민속풍의 그림과 가족사진 등도 깔끔하고 멋졌다.

10년을 넘게 일해도 미야 씨 남편의 월급은 거의 오르지 않았다고 했다. 요즘은 월 150만 원 정도 버는데, 여기에 미야 씨가 아르바이트로 이런저런 일을 해서 월 60만 원 남짓 보탠다. 천정부지로 오르는 전월세 비용과 앞으로 두 아이에게 들어갈 학비를 생각하면 수입은 태부족이다.

그래도 미야 씨는 경제적 빠듯함과 별개로 일상의 삶과 마음에 여유가 있어 보였다. 반듯하고 겸손하면서도 내면의 은근한 힘이 느껴졌으며 자존감도 높고 심리적 안정감도 엿보였다. 도대체 미야 씨의 이런 힘은 어디에서 나오는 것일까?

우선은 난민인정이 불안감을 감소시키는 데 도움이 됐다. 미야 씨는 난민 신청을 한 지 7년 만인 2011년에 정치적 의견을 사유로 박해를 받을 우려가 있다는 점이 인정돼 한국 정부로부터 난민인정을 받았다. 2013년 제정된 한국 난민법에 따르면 난민으로 인정받을 경우 합법적으로 일할 수 있는 권리, 의료보험 등에 가입할 수 있는 권리, 기초생활 수급자가 될 수 있는 자격이 주어진다(차규근, 2016). 미야 씨는 난민으로 인정받은 뒤 당당하게 직장을 구할 수 있어 좋았다. 경제적으로 크게 도움이 될 만한 일자리는 찾기 어렵지만 그래도 자격이 있다는 것은 사람을 주눅 들게 하지 않는다. 무엇보다 합법적으로 체류할 수 있어 심리적, 경제적으로 안정을 찾는 데 큰 도움이 되었다.

상상해 보라. 박해를 받아 삶의 터전을 잃고 표류하다 겨우 어딘가에 정착하려 했는데 그곳에서 또다시 쫓겨날지 모른다면 매일 얼마나 가슴을 졸이겠는가. 발 딛고 살 곳이 없어 지구상의 어딘가에서 헤매야 할지 모른다면 그 상황 자체가 공포이며 삶에 대한 위협이다. 난민으로 인정받은 사람과 난민으로 인정받지 못해 소송 중인 사람이 느끼는 삶의 안정성은 짧은 만남에서도 확연하게 차이를 느낄 수 있었다. 미야 씨는 난민으로 인정받았을 때 정말 기뻤다. 난민으로 인정받기 전까지는 언제 깨질지 모르는 살얼음판을 걷고 있는 것 같았는데 이제는 다리에 힘을 주고 힘차게 걸을 수 있을 것 같다.

미야 씨가 파고 높은 삶의 격랑에 뒤흔들리지 않고 그나마 균형을 잡을 수 있었던 것은 곁에 있는 사람들 덕분이었다. 사람이 사람답게 살 수 있으려면 그 사람을 지지해 주고 응원해 주는 다른 사람이 필요한 법이다. 미야 씨는 인복이 있는 것 같았다. 콩고를 탈출해 한국 땅에 처음 정착할 때 미야 씨를 간신히 구출해 준 사람은 남편 듀방 씨였다. 이후 폐허 같은 환경에서나마 작고 소박한 일상의 꽃을 피울 수 있었던 것은 몇 명의 여성들과의 만남 덕분이었다.

미야 씨는 한국에 사는 콩고인 커뮤니티에서 비슷한 처지에 놓인 또래 여성들을 만났다. 이 중에서도 미쇼와 비비쉬는 친자매 같은 친밀감과 우정을 나누는 친구들이다. 처음에는 남편들 모두 콩코 커뮤니티에서 친한 친구여서 세 여성의 만남이 성사됐지만 지금은 여자들끼리의 만남이 훨씬 진하고 끈끈하다.

"난민 신청을 하는 단계에서부터 큰 도움을 받았어요. 친구들은 난민을 도와주는 한국 시민단체를 소개해 줬고 크고 작은 어려움이 있을 때마다 자기 일처럼 생각하고 우리 가족을 도와줬어요. 특히 미쇼 가족과는 10미터쯤 떨어진 한 골목에서 오랫동안 함께 살았어요. 엄마들이 자매처럼 지내니 아이들도 왔다 갔다 하면서 컸고요. 잠시라도 아이 맡길 곳이 없는 게 보통 난민의 처지인데 우리는 아이들을 서로 돌봐 주면서 함께 키웠지요. 한 달에 한 번씩 대형마켓에서 대용량으로 파는 물건을 사서 나누고, 먼 곳에 있는 고기 도매 시장에 가서 한꺼번에 장을 봐오기도 했어요. 단돈 100원이라도 싼 곳이 있으면 서로 알려 주기도 하고요. 그렇게 알뜰살뜰하게 살았어요."

미야, 미쇼, 비비쉬 등 여자 삼총사는 서로를 기둥처럼 의지하며 살아왔다. 힘이 빠지고 우울해질 때면 친구 집을 찾았다. 그러면 친구는 고향 음식을 해줬다. 어린 시절 먹던 음식은 실향의 우울함을 달래는 데 최고다. 가슴 한쪽이 따뜻해지는 것을 느끼며 서로를 격려하고 지켜봐 주며 함께 힘을 키워 나갔다. 내 나라 내 고향 한 마을에서 어울려 사는 것만 같았다. 확대된 가족 공동체 같다고나 할까. 그 덕에 미야 씨는 외로움을 견딜 수 있었다.

함께 성장하는 공동체 에코팜므

어떤 만남은 한 사람의 인생을 좌우하는 전환점이 되기도 한다. 미야 씨와 에코팜므 대표인 박진숙 씨와의 만남이 그런 것 같다. 처음에는 우연처럼 보였다.

"2006년 6월쯤으로 기억해요. 당시 난민지원단체인 피난처에서 난민의 날 행사를 해서 갔는데 한국인 여성 한 분이 불어로 말을 붙이더라고요. 그때는 참 신기하게 느껴졌어요. 불어를 잘하는 한국 사람을 별로 본 적이 없었거든요. 그 여성이 바로 박진숙 씨였어요. 행사 끝나고 얼마 뒤에 저를 집으로 초대하셨어요. 가서 잘 놀고 온 뒤 한동안 연락이 뚝 끊어졌어요. 그러다 1년 후쯤 다시 피난처에서 한국어 교실을 열어서 배우러 갔더니 박진숙 씨가 한국어 교사로 자원봉사를 하러 온 거예요. 그때는 우연이라고 생각했는데 지금 생각해 보니 참으로 깊은 인연이 있었나 봐요."

1년 남짓 한글을 배우고 가르치면서 두 사람은 서로를 알아

봤다. 마음이 잘 맞았을 뿐만 아니라 만나면 반갑고 편안했으며 깊은 신뢰 같은 게 생기기 시작했다. 한국어 교실이 끝난 뒤 박진숙 씨가 "앞으로 뭘 하면 좋겠냐?"고 물어왔다. 당시 박진숙 씨는 난민에게 법률지원을 하는 남편을 돕다 난민을 만나게 됐으며 이후 한국어 교실 자원봉사까지 하게 됐던 참이었다. 두 사람은 난민 여성들의 자존감을 높일 수 있는 '무언가'를 하기로 뜻을 모았다. 그게 뭘까? 고심하다 난민 여성들이 그림을 그리고 바느질을 해서 수공예 상품을 만들어 팔기로 했다. 다행히 여성가족부로부터 1,700만 원을 지원받을 수 있었는데 그 돈을 종잣돈으로 다양한 프로그램을 기획하고 운영했다. 지도는 한국인 전문가 여성들이 재능기부로 해주었다. 미야 씨와 친구들이 살고 있던 시흥시 쪽에 장소를 빌려 매주 프로그램을 진행했는데 1년 동안 계속됐다. 미술 전공자도 아니고 특별히 관심이 있는 것도 아니었지만 새로운 일에 도전하기를 두려워하지 않는 미야 씨의 성격 덕분에 몰입할 수 있었다. 그림 속에 자신의 마음을 담아 표현하다 보니 열정이 붙기 시작했다. 그림을 그리고 바느질을 하는 것이 그들에게 무슨 의미가 있었을까?

"스트레스가 많이 해소됐어요. 지나온 시간들을 생각하면 항상 우울하고 아프거든요. 제대로 치유받을 여유 없이 당장 해결해야 할 문제는 언제나 눈앞에 닥치잖아요. 그런데 아무에게도 말할 수가 없고 들어 줄 사람도 없는 거예요. 사람들은 난민들이 경제적으로 힘드니 우선 돈이 필요하다고 생각하지만 돈보다 더 중요한 것이 있어요. 그냥 내 얘기를 들어주고 심정을 이해해 줄 사람이지요. 그런데 그림을 그리기 시작하면서 굳이 사람들에게 내 마음을 털어놓지 않아도 생각과 감정을 표현할 수 있으니 신기하게도 답답했던 마음이 조금씩 풀어지는 것 같았어요. 고향에 대한 그리움도 달래지고요. 게다가 그림을 소재로 사람들과 자연스레 얘기가 되는 거예요. 사람들이 열심히 들어주고 고개를 끄덕여 주는데 그게 위로가 되더라고요. 그러다 보니 자연스레 자신감이 생기는데 그 느낌이 무엇보다 좋았어요. 난민이 되니 별 쓸모없는 사람, 소중하지 않은 사람이라는 생각이 들어 힘이 빠지고 의욕이 생기지 않았는데 그림을 그리고 바느질로 뭔가를 만들다 보니 나도 의미 있는 일을 하는 사람이라는 생각이 들면서 뿌듯하고 자신감이 솟구치더라고요."

시간이 지날수록 난민 여성들의 그림 솜씨는 일취월장했다. 처음에는 남의 그림을 모사하는 수준이었는데 하루가 다르게 그림이 좋아졌다. 특히 미야 씨와 미쇼 씨의 그림이 돋보였다. 그녀들의 그림에는 사연이 담기고 감정이 배어 들면서 보는 이의 마음을 끄는 매력이 있었다. 여기에 원색적이고 이국적인 아프리카의 자연과 민속적 소재 및 색채는 사람들의 주목을 끌기에 충분했다. 그녀들이 그린 그림엽서는 꽤 인기를 끌었다.

경제적으로 크게 보탬이 된 건 아니지만 미야 씨의 삶은 안정감을 되찾아 갔다. 자신감이 생기고 힘이 나기 시작했다. 프로젝트가 끝난 뒤 미야 씨를 비롯한 난민 여성들과 박진숙 씨는 또다시 머리를 맞대고 '무엇을 할 것인가?'를 진지하게 토론했다. 그렇게 해서 만들어진 것이 이주 여성을 위한 문화·경제 공동체인 에코팜므Eco Femme이다.

에코팜므는 생태라는 의미의 '에콜로지ecology' 또는 경제라는 의미의 '이코노미economy'라는 말에서 가져온 '에코eco'에다, 불어로 여성이란 뜻의 '팜므femme'를 조합한 말이다. 생태적인 방식으로 난민을 포함한 이주 여성들의 경제적 자립을 도모하는 단체라는 뜻을 담았다. 뜻은 좋았는데 처음에는 돈이 한 푼도 없어 단체를 만들 엄두를 내지 못했다. 그러다가 2008년 말 사회적 기업을 지원하는 행사에서 3,000만 원이나 되는 거금을 상금으로 받으면서 에코팜므의 문을 열 수 있었다. 2009년 5월이었다. 이 일을 주도했던 박진숙 대표의 설립 취지를 들어보자.

"난민 여성을 비롯한 이주 여성들은 갖가지 사연을 안고 한국 땅을 찾아옵니다. 이분들이 한국인과 이질적인 이방인으로 남아 있는 게 아니라 잘 정착해서 한국 사회의 어엿한 구성원으로 당당하게 설 수 있도록 뒷바라지해야 한다고 생각했어요. 더 나아가 훌륭한 리더로 발돋움할 수 있도록 교육하고 지원하고 싶었어요. 이분들 중에는 능력이 뛰어난 분들이 많아요. 조금만 힘을 보태면 제 몫을 단단히 해낼 사람들이에요. 난민 여성들의 성장은 그분들에게만 좋은 게 아니지요. 한국에도 새로운 힘이 되어 다양한 문화가 어우러지고 꽃피는 세상이 될 것이라고 믿었어요."

에코팜므는 우선 난민 여성들에게 치유가 필요하다고 생각했다. 그건 특별한 프로그램을 마련하기보다 '진정한 만남'을 통해 가능하다고 믿었다. 서로 믿어 주고 깊이 공감해 주는 진실된 만남을 통해 난민 여성들이 피난 과정에서 직면했던 고난과 고통을 어루만져 주고 그 상처를 치유할 수 있다고 생각했다. 에코팜므를 열기 전 2년간의 만남을 통해 어렴풋이 깨달은 사실이었다.

미야 씨를 비롯한 난민 여성들은 그림을 통해 본국의 문화와 자신의 마음을 표현하면서 자존감을 회복해 갔다. 열심히 그린 그림이 어느 정도 모이면 그것을 활용해 머그컵과 티셔츠와 천가방을 만들고 바느질로 인형이나 지갑 같은 수공예품도 만들었다. 소박한 전시회를 비롯, 희망 장터와 잼베 공연, 아프리카 동화 구연, 이야기 콘서트 등 다양한 행사를 열었다. 전시회나 공연 등에서는 난민 여성들이 직접 연사로 나서 작품에 담은 사연과 못다한 이야기와 삶의 애환 등을 진솔하게 이야기했다. 처음에는 '좀 도울까' 하는 마음으로 가볍게 행사에 참여했던 한국인들이 다른 문화와 역사를 가진 '사람'을 만나고 이해하고 공감하는 경험을 맛보고 돌아갔다. '난민'이라는 대상을 만나는 것이 아니라, 고통이 있고 좌절이 있으며 그럼에도 꿈과 희망을 잃지 않는 '사람'을 만난 '사람'들은 난민도 똑같은 인간이라는 평범한 진실을 깨닫는 계기가 되었다.

> "대부분의 한국 사람들은 난민이면 아무것도 모르고 공부도 못하는 사람이라고 무시해요. 돈 벌려고 온 사람들이라고 경멸하는 눈초리를 금방 느끼게 되지요. 예를 들어 은행에 갔을 때 난민이라고 하면 난민이 뭔지도 몰라요. 내가 바로 앞에 있는데도 묻지 않고 다른 곳에 계속 전화를 돌려서 물어봐요. 나는 멍청한 사람 취급을 당하면서 그냥 서 있기만 하는 거죠. 나에게 물어보면 잘 설명해 줄 텐데 말이죠. 이런 일을 한두 번 당하면 자신감이 없어지고 사람 만나는 게 겁이 나요. 주체성도 없어지고요. 그런데 에코팜므 활동가들은 달랐어요. 나를 '난민'으로 규정짓지도 않고 내가 난민이라는 얘기를 꺼내지도 않았어요. 서로 친구처럼 생각하고 무슨 일이든 이해하려 하고 공감해 줬지요."

사람을 앞에 두고 마치 그 사람이 없는 것처럼 여기면 당사자는 당황스럽기 짝이 없다. 사회적 동물인 사람이 타인에게 환영받지 못하거나 아예 '투명인간'처럼 취급되면 당사자의 마음은 얼음장처럼 얼어붙기 마련이다. 왜 나를 무시하느냐고 항변을 하기도 어렵다. 해본들 사람만 더욱 우스워질 뿐이다. 자존감이 무너지고 존엄성은 파괴된다. 페터 비에리는 이와 같은 상황에서는 "필연적으로 무력감이 노출되고 굴욕의 시초가 된다"(비에리, 2014)고 진단한다.

무시의 반대는 인정이다. 사람은 사회적 동물이기에 다른 사람으로부터의 인정을 소망한다. 철학자 헤겔이나 심리학자 악셀 호네트의 설명대로 인정투쟁은 사람의 자기 정체성을 확립하고 이를 통해 인류의 역사를 발전시켜 왔다. 사람은 가까운 가족이나 친구, 직장 상사, 교사 등으로부터 인정받기를 바라며, 인정을 통해 관계는 더욱 풍부해지고 존엄성에도 긍정적 효과를 가져온다(비에리, 2014).

난민으로 살아가면서 한국 사회로부터 수없이 무시당하고 투명인간 취급을 당했던 미야 씨는 에코팜므에서 활동하면서 자연스럽게 공동체의 구성원이 되어 가는 것을 경험했다. 그건 어떤 것과도 바꿀 수 없는 고귀한 성과물이었다. 독립된 주체로서 누군가를 만나는 것, 그리고 미래를 열어 놓고 서로 소통하면서 함께 변화해 가는 것은 존엄함을 유지할 수 있는 좋은 계기였다. 미야 씨는 자신감이 생겼다. 한국인에게 느꼈던 거리감도 자연스럽게 줄어들었다.

2011년 미야 씨는 에코팜므의 어엿한 직원이 되었다. 난민으로 인정받은 것이 계기가 되었다. 그 이전에도 활동을 열정적으로 했지만 법적으로 직업 활동을 할 수 없는 난민 신청자

신분이어서 프로그램의 참여자로서만 활동할 수밖에 없었다. 이전에 공장에서 일한 적이 있긴 하지만 에코팜므의 일은 여느 다른 일들과는 차원이 다르다고 생각한다. 자신의 능력을 십분 발휘할 수 있으며 무엇보다도 한국인 활동가와 비교해 어떠한 차별도 받지 않는다. 미야 씨는 자부심과 인정, 그리고 존재감을 확인할 수 있는 일을 찾았다고 생각했다.

멀리 가려면 함께 걸어라

그녀는 요즘 일주일에 한 번 에코팜므로 출근한다. 프로그램을 기획할 뿐만 아니라 강사로서도 맹활약을 하고 있다. 지난해에는 한국인들에게 불어를 가르쳤는데 매 강의마다 진행했던 토픽의 주제들이 예사롭지가 않다. 난민, 인종차별, 아프리카의 자원과 국제적 분쟁, 콩고의 문학, 한국의 통일 등이 불어 강좌에서 다루는 내용이다. 그녀는 콩고의 문화를 한국에 전파하는 문화 전령사로서도 한몫한다. 그녀의 강의를 들은 한국인은 콩고의 '메리 크리스마스'가 '본페트Bon fete'라는 것을, '새해 복 많이 받으세요'가 '보나나Bonana'라는 것을 배우며 흥미로워한다. 또 한국인에게 쌀과 같은 콩고의 주식 카사바casaba 튀김을 맛보고, 500개가 넘는 콩고 전통 부족의 음악과 춤을 영상으로 또 실전으로 즐겼다. 참으로 흥미로울 수밖에 없는 수업이다. 그밖에도 미야 씨는 붓으로 아름다운 손글씨를 쓰는 캘리그래피와 영어를 가르치는데 강의 내용이 다채로울 뿐만 아

© 김보미

“사람들은 난민들이 경제적으로 힘드니 우선 돈이 필요하다고 생각하지만 돈보다 더 중요한 것이 있어요. 그냥 내 얘기를 들어주고 심정을 이해해 줄 사람이지요. 그런데 그림을 그리기 시작하면서 굳이 사람들에게 내 마음을 털어놓지 않아도 생각과 감정을 표현할 수 있으니 신기하게도 답답했던 마음이 조금씩 풀어지는 것 같았어요.”

니라 뿌리 깊은 편견을 뛰어넘고 문화의 장벽을 가로지르는 신선함이 가득하다는 평을 듣는다.

그럼에도 불구하고 에코팜므를 찾아 난민 여성들과 작은 마음이라도 나누려는 한국인은 소수에 불과하다. 영리를 목적으로 운영하지 않다 보니 여기저기에서 후원을 받아도 에코팜므의 재정 상황은 언제나 적자다. 결국 한때는 사무실을 접고 다른 단체의 사무실에 곁방살이를 한 적도 있다. 다행히 지난해부터 서울시의 지원으로 겨우 작은 사무실을 마련했다. 세상에서 좋은 일을 하기는 언제나 힘들다.

"에코팜므의 재정 상황이 그다지 좋지 않아서 두 달 동안 월급을 못 받은 적도 있어요. 그래도 즐겁게 일했어요. 에코팜므는 단지 돈만을 벌기 위해 일하는 곳이 아니고, 돈 이상의 의미가 있는 곳이기 때문이지요. 여기서 제가 느끼는 소속감과 한국인 활동가와의 끈끈한 관계는 돈으로도 살 수 없는 것이에요."

미야 씨가 다른 어떤 곳에서도 맛보기 힘들었던 지지와 응원, 그리고 연대solidarity의 느낌은 미야 씨만의 것이었을까? 관계는 언제나 상호 연관되어 있다. 난민 여성들에게 손을 내밀었던 박진숙 씨 또한 크게 성장하고 힘을 얻을 수 있었다.

"무엇보다 삶이 즐겁고 보람되지요. 난민 여성을 만나기 전에는 삶의 의미를 찾기 어려워 우울증에 걸리기도 했거든요. 미야 씨는 나에게 큰 힘과 기쁨을 주는 친구예요. 언제나 함께 있을 것이라고 굳게 믿어 주니 때론 힘들어도 포기할 수가 없어요. 미야 씨만큼 에코팜므의 사회적 역할과 기능을 잘 이해하는 동료도 없어요. 미야 씨는 내게 큰 버팀목과 같은 존재지요."

박진숙 씨는 미야 씨 같은 여성 리더를 키우는 게 에코팜므의 목표 중 하나라고 했다. 리더로 성장한 난민 여성들은 처음 한국 땅을 찾은 난민 여성들을 돌보고 이끌어 주는 역할을 할 수 있을 것이다. 게다가 한국의 문화 자원을 풍성하게 하는 주역이 될 수 있을 것이다. 에코팜므가 10주년이 되는 2019년에는 난민 여성 3명을 미야 씨처럼 정식 직원으로 채용해 활동하게 할 계획이다. 또한 장기적으로는 난민 여성이 에코팜므의 대표가 되도록 지지하고 응원할 생각이다.

그렇게 되기 위해서는 해야 할 일이 많다. 교육과 훈련, 그리고 난민 여성들이 능력에 걸맞게 취업할 수 있도록 체계적으로 지원하는 일이 시급하다. 한국으로 온 난민 중에는 욤비 토나 씨처럼 대학 교수가 되는 경우도 있지만 이런 사례는 보기 드물다(토나·박진숙, 2013). 미야 씨도 "한국 정부가 난민들의 능력과 기술을 키워 줄 수 있는 다양한 교육과 훈련을 제공해 주길 진심으로 바란다"고 했다. 교육과 훈련은 난민 여성들의 전문성과 문화적 자원을 계발하고 정체성을 확인하며 내면의 잠재력을 성장시켜 나가는 데 주요하게 작용할 것이다.

에코팜므를 통해 박진숙 씨와 미야 씨가 궁극적으로 지향하는 바는 공동체 만들기이다. '돋보이는 개인보다 서로에게 배우고 서로에게 힘이 되는, 함께 성장하는 공동체'. 이들이 홈페이지(www.ecofemme.or.kr)에 명시한 미션이다. 이들은 지금까지 대체로 이 길을 향해 잘 걸어온 것 같다. 미야 씨의 밝은 표정과 긍정적인 삶의 태도가 이를 대변하고 있다.

"혼자보다 같이 걸을 때 더 멀리 갈 수 있습니다." 이는 두 손을 꼭 잡고 함께 걸어온 박진숙 씨와 미야 씨의 삶의 모토다. 사람이란 혼자서는 살 수 없고 서로 기대고 살아야 하는 존재다. 어디 사람뿐이랴. 생명 있는 모든 것들은 누군가에게 서로 의지하고 살아야 한다. 미야 씨를 비롯한 에코팜므의 활동가들은 누구보다노 이를 잘 알고 이렇게 살아왔으며 또 살아갈 것이다.

헤밍웨이의 소설 『노인과 바다』가 다시 생각났다. 노인은 사투 끝에 청새치를 잡을 때도, 상어 떼로부터 청새치를 지키기 위해 사력을 다할 때도 소년을 그리워한다. 노인이 오랫동안 고기를 잡지 못하자 소년의 부모는 다른 배를 타도록 강권했고 결국 노인은 홀로 외롭게 항해를 해야 했다. 노인은 바다에서 여러 번 중얼거린다. "그 애가 있으면 좋을 텐데…." "그 애가 있다면 좋았을걸. 나를 도와주기도 하고 이것을 구경도 하고."

소년 또한 노인을 학수고대하며 기다렸다. 마침내 앙상하게 뼈만 남은 청새치의 잔해를 끌고 노인이 돌아와 쓰러져 잘 때 소년은 사투의 결과로 노인의 손에 생긴 상처를 보고 울음을 터뜨린다. 고난을 겪을 때 함께 울어 주는 친구가 있는 사람은 불행하지 않다. 상어 떼에게 졌다고 탄식하는 노인에게 소년은 단호하게 말한다. "할아버지는 지신 게 아니에요. 고기한테 지신 게 아니에요." "그렇지. 정말 그래." 패배를 해도 용기를 주는 친구가 있는 사람은 패배할 수 없다.

"네 생각이 간절하더구나." 말동무가 생겨 기뻐하던 노인이 불쑥 속내를 내비치자 소년이 답한다. "이제는 다시 함께 나가서 잡아요." "아냐, 내게는 운이 없어. 이제 운이 다했나 보다." "운이란 게 뭔데요. 행운은 제가 가지고 갈게요." 노인은 사자 꿈을 꾸며 또다시 잠에 빠져든다. 사자 꿈은 결코 포기할 수 없는 노인의 존엄함이다. 언제나 곁을 지켜 주는 친구가 있는 사람은 존엄한 삶을 살 수 있다.

미야 씨 또한 항상 곁에 있어 주는 친구가 있는 한, 공동체가 있는 한, 앞으로도 존엄하게 살아갈 수 있을 것이다.

"저는 무엇보다 연대의 마음을 전하고 싶습니다.
지구상의 모든 인간들은 때로는
예상치 못한 비극과 마주합니다.
삶은 때때로 쉽지 않지만, 당신은 혼자가 아닙니다.
그래요. 당신은 혼자가 아니에요.
세상이 관심을 기울이고 있고,
모두가 최선을 다해 도움을 주려 노력할 겁니다.
그리고 무엇보다 여러분은 강인한 사람들입니다.
비극이란 결국 지나가고,
우리가 남는다는 것을 우리는 알고 있습니다."

파울로 코엘료,
한국의 지진 소식을 전해 듣고 보낸 페이스북 영상 편지*

---

* 파울로 코엘료, https://www.facebook.com/paulocoelho/videos/10154395152686211/

❖에필로그

환대와 연대

난민으로 산다는 것

이 책의 원고가 마무리되어 가는 중에 난민지원단체 활동가로부터 전화가 왔다. 목소리가 하이 옥타브였다. "올가 씨가 난민으로 인정받게 되었어요. 기뻐서 연락드려요." 올가 씨는 러시아의 인종차별을 피해 아들과 함께 함께 한국으로 왔지만 첫 신청 단계에서 난민으로 인정받지 못했었다(2부 2장 참조). 순간 울컥했다. 올가 씨를 인터뷰하러 갔을 때 난민 불인정 통고를 받고 막막해하며 울먹이던 모습이 생생하게 떠올랐기 때문이었다. 나 또한 기뻐서 전화기에 대고 "정말 잘됐어요"를 연발했다. 그런데 곁에 있던 사람이 자초지종을 듣고는 물었다. "난민으로 인정받으면 이제 걱정 없이 살게 되는 거예요? 한국 정부가 지원을 많이 하나 봐요?"

난민 심사를 통해 난민으로 인정을 받는다는 것은 정처 없이 떠도는 이들이 일단 합법적으로 '머무를 수 있다'는 것을 의미한다. 이는 체류 자격일 뿐 한국 국적을 취득하는 것을 의미하는 건 아니다.* 한국 정부가 난민이라고 특별히 지원해 주는 것은 없다. 다시 쫓겨날지도 모른다는 공포심으로부터 겨우 벗어나 심리적 안정감을 얻을 수 있다는 게 가장 큰 소득이라면 소득이다. '사람'이라는 말은 사회 안에 자기 자리가 있다는 말과 같다(김현경, 2015). 난민으로 인정받아 세상 어딘가에 정착할 곳을 찾았다는 것은 최소한 사람답게 살아갈 자격을 갖췄다는 의미이다. 당장은 생활이 힘들고 막막해도 일상의 삶을 살아 낼 수 있으며 한 걸음 더 나아가 희망을 그려 볼 엄두를 낼 수 있다는 뜻이다.

실제로 올가 씨는 어느 난민단체가 열어 준 난민인정 축하파티에서 "이제 미래를 생각하게 됐다. 지금까지는 언제 한국을 떠나야 할지 몰라 순간순간만을 위해 살아왔다. 한국어 공부도 하고 미용 자격증에도 도전해 보고 싶다. 이제 안정을 찾아 많은 계획을 세우고 있다"고 했다.

난민인정자에 대한 사회복지 제도는 마련되어 있다. 난민인

---

* 한국 국적을 받으려면, 5년 이상 한국에서 거주한 뒤 일반 귀화 신청을 하고 법무부 장관으로부터 허가를 받아야 한다.

정자는 국민연금 가입이나 의료보험, 국민기초생활수급권 보장, 초·중등교육 보장 및 직업훈련 지원 등을 한국인과 같은 수준으로 보장받을 수 있다. 다만 난민이 사회보장의 틀 안으로 들어가는 것 자체가 쉽지 않다는 것이 문제이다. 제도는 마련되어 있지만 실제로 보장받을 수 있느냐는 별개의 문제다. 4대 보험에 가입되지 않은 사업장에서 일하는 경우가 허다하고 의료보험이 없는 경우도 있다. 전문성을 인정받아 취업하는 경우는 하늘의 별따기 수준이다. 예컨대 포클레인 기사와 같은 기술직의 경우 본국에서 취업 경험이 있다 해도 한국에서 자격증을 새로 따야 하는데 한국어로만 시험을 볼 수 있으니 그림의 떡이다. 어느 정도 한국어로 말하고 쓰려면 최소한 6개월 정도는 집중 교육을 받아야 하는데, 당장 생계가 문제이다 보니 한국어 공부는 뒷전일 수밖에 없다. 밥벌이에 치중하다 보면 수년이 지나도 한국어를 제대로 익히기 어렵다. 사회복지 수급 대상이 된다 하더라도 관련된 일을 하는 동사무소나 구청 직원들이 난민에 대해 제대로 알지 못하는 경우가 많고, 당사자인 난민들은 한국말이 서툴러 정당한 사회보장 혜택을 받기가 쉽지 않다.

특히 난민 여성이 전일제fulltime-job로 일을 하기는 더욱 힘들다. 일을 구하는 것 자체도 어렵거니와 설사 취업이 된다 해도 장시간 일하는 한국 노동 시장의 관행상, 일과 양육을 양립하기란 불가능에 가깝다. 때문에 난민 여성 또한 사회복지서비스의 사각지대에 방치되어 있는 경우가 많다.

법적으로 난민으로 인정받았다고 해서 난민의 존재가 사회적 구성원으로 인정되느냐는 또 다른 문제다. 사회적 성원권은 법적 지위와 구별된다(김현경, 2015). 법적으로 체류할 수 있는 자격이 부여되었다고 해서 그 사회의 온전한 구성원으로 받아들여지는 것은 아니다. 이는 별개의 문제다. 난민인정 심사라는 긴 통로를 겨우 빠져나온 난민인정자라 하더라도 '우리'라는 의식의 울타리 안으로 들어오는 것은 매우 어렵다. 한국 사회에서 난민은 존재 그 자체가 드러나지 않거나, 관심의 대상이 되지 못한다. 아직도 '난민'이라고 하면 많은 사람들이 "한국에도 난민이 있어요?" "몇 명이나 있어요?" "어디에서 살고 있어요?"라고 묻는다. 난민의 비가시성을 입증하는 질문들이다. 국경을 넘는 시리아 난민의 처참한 모습은 국제 뉴스로만 소비될 뿐, 우리 턱밑에서 벌어지는 상황이라는 인식을 주지 못하고 있다. 한국에서 난민은 보이지 않는 유령 같은 존재요, 사회 구성원으로 받아들여지지 못하는 일종의 '아웃 카스트out-caste'*다.

* 인도의 카스트 체제에 속하지 않은 사람들을 일컫는다. 즉 브라만, 크샤트리아, 바이샤, 수드라 라는 4계급에 속하지 못한 사람들이다. 제5계급 또는 불가촉천민(untouchable) 등으로 불리기도 한다. 인도 인구의 약 15퍼센트인 1억 명 정도가 있다. 법적으로는 차별이 금지되었으나 종교적·문화적·사회적으로 차별을 받으며 절대적인 빈곤 속에서 살고 있다.

난민 심사 결과 난민으로 인정받지 못한 경우, 삶은 더욱 힘겹다. 영원히 떠도는 부평초처럼 살아야 한다. 휩쓸리는 존재는 자기 삶의 주체가 되기 어렵다. 사회 안에 자기 자리를 확보하지 못한 난민은 사회 바깥의 존재요 추방된 존재다. 즉 인간으로서의 존엄을 갖고 살 수 있도록 보장되어야 할 최소한의 권리도 보장받지 못하는 박탈된 존재다. 페터 비에리는 "권리란 전횡에 의한 종속에 맞서는 성벽과 같다"(비에리, 2014)고 했다. 그는 또한 "권리는 무력감으로부터 사람을 막아 주는 방화벽이요, 굴욕으로부터의 보호책이어서 권리 안에 존엄성이 있다"고 천명했다. 권리가 보장되면 인간은 자립적인 존재로서 존엄하게 살 수 있지만 권리가 없는 사람은 이리저리 떠밀리고 타인의 너그러움에 기댈 수밖에 없다. 자신의 출신 국가로부터도, 난민 신청을 거부한 나라로부터도 권리를 보장받지 못한 난민 불인정자는 무력하고 굴욕적이며 종속적으로 살아갈 수밖에 없다. 조르조 아감벤Giorgio Agamben이 말하는 '벌거벗은 생명'이요(아감벤, 2008), 지그문트 바우만Zygmunt Bauman이 통탄해 마지않는 '인간쓰레기'의 화신인 것이다(바우만, 2010).

난민으로 인정받지는 못했지만 인도적 체류 지위를 획득한 경우는 말 그대로 체류와 취업만이 허용된다. 의료권과 교육권이 보장되지 않아 의료 서비스와 고등 교육을 받을 수 없으며 가족이 함께 살기도 힘들다. 사회 구성원으로 살아가기 어렵도록 제도적으로 배제되어 있는 것이다.

난민으로도, 인도적 체류자로도 인정받지 못하면 출국 조치를 당하는데, 일부는 불법적으로 떠도는 국제 미아로 살아가기도 한다. 국내 난민단체들은 한국에도 난민불인정 상태로 살아가는 이들이 어림잡아 1,000명에 이른다고 추산한다. 이들은 한순간도 긴장을 놓칠 수 없는 공포와 불안 속에서 위험을 감수하며 생의 바다를 떠돈다. 권리라는 보호의 울타리도 없이, 요동치는 거친 파도에 몸을 내맡긴 이들은 단지 익사하지 않기 위해 쉴 새 없이 자맥질을 할 뿐이다. 그 삶이 언제까지 연장될 수 있을지는 아무도 모른다. 지옥이란 이런 게 아닐까.

번져 가는 반反난민 정서

미디어를 통해 전달되는 난민의 모습은 놀이동산의 바이킹처럼 양극단을 오간다. 한편으론 시혜와 동정의 대상이고, 다른 한편으론 혐오와 적대감의 표적이다. 무기력하고 부담스런 '짐'인 난민은 무시의 대상이거나 잘해야 동정심을 자극하는 존재일 뿐이다. 다른 한편 유입국 국민의 일자리를 빼앗아 가고 복지를 좀먹는 불청객이자, 치안을 위협하는 '잠정적 범죄자'로 인식되면서 혐오와 적대의 대상이 되기도 한다. 메르켈 정부가 밝힌 바대로 실제로 다수의 테러리스트는 난민이 아니며, 난민과 독일 국적자의 범죄 비율은 비슷하다. 사건은 개인에서 비롯되는데 이를 바라보는 사람들이 던지는 혐의의 눈길과 비난은 난민이라는 사회적 집단을 겨냥하고 있다. 문제점을 꼬집자면, 극우파가 오히려 난민 혐오를 조장한다는 설명이 유럽인들의 불안을 잠재우지 못한다는 것이다.

책을 집필하는 중에 미국 대통령 선거에서 공화당의 트럼프 후보가 당선되는 이변이 일어났다. 전혀 예상치 못했던 결과인 데다 반인권적, 반인종적 혐오 발언을 일삼았던 후보의 당선인지라 전 세계가 당혹스러움을 감추지 못했다. 트럼프의 당선은 미국 내 난민들에게는 공포감을 불러일으킬 만한 일이다. 후보 시절 그는 자신이 대통령이 될 경우 시리아 난민을 미국 땅에서 추방하고 무슬림의 입국을 금지하겠다고 공언해 왔기 때문이다.

상당수의 사람들은 "설마 그래도 대통령이 되고 나면 달라지겠지"라며 상식적인 기대를 버리지 않았다. 하지만 블랙코미디 같은 트럼프의 공약은 상식도 기대도 무참히 깨뜨리고 현실이 되고 있다. 트럼프는 취임하자마자 반이민 행정명령에 사인했다. 이슬람권 7개국 국적자의 미국 입국과 비자 발급을 90일 동안 금지하고, 난민 입국을 120일 동안 중단하며 난민 심사를 강화하고 시리아 난민 수용은 무기한 중단해 버린 것이다. 미국인을 테러 위협으로부터 지키겠다는 명분인데 이는 사실상 무슬림 전체를 잠재적 범죄자로 간주하는 종교 차별이자 인종 차별이며 난민협약과 국제인권법에 정면으로 어긋나는 조치이다. 전쟁과 박해를 피해 겨우 새로운 삶의 터전을 찾아온 난민을 다시 쫓아내 오갈 데 없는 신세로 만드는 것은 난민의 존재

자체를 위협하는 일이다.

염려스럽기 짝이 없는 반난민 정서는 이미 유럽 대륙에서 조짐을 보였다. 트럼프의 당선에 앞서 2016년 여름, 영국에서 날아온 뉴스도 전 세계를 충격에 빠뜨렸는데 이 또한 난민과 관련성이 있다. 영국이 유럽연합EU에서 탈퇴(브렉시트)Brexit할 것인가 잔류할 것인가를 결정하는 투표에서 예상을 깨고 탈퇴를 결정한 것이다. 유럽연합이 결성된 뒤 처음으로 회원 국가가 탈퇴하는 사상 초유의 일인 데다 영국의 위상 등을 감안할 때 전 세계의 경제와 안보, 정치 분야 전반에 걸쳐 영향을 끼칠 중차대한 사건이 아닐 수 없었다. 브렉시트가 촉발된 실질적인 사유는 유럽으로 몰려드는 난민에 있었다. 유럽연합 회원국은 난민 수용을 거부할 수 없도록 되어 있기 때문에, 영국 국민 중 다수가 유럽연합을 탈퇴하고서라도 더 이상 난민을 받아들이지 않겠다고 결정을 내린 것이다.

브렉시트 이전부터 난민을 대하는 유럽 국가의 태도는 복잡했다. 같은 국가 내에서도 시기별로 태도가 달랐다. 특히 유럽 각국의 '우향우' 현상이 지속되면서 난민의 설 자리가 좁아지고 난민들은 벼랑 끝으로 내몰리고 있다. 2015년 하반기 이후 폴란드, 스위스, 포르투갈, 덴마크 등의 나라에서 중도우파나 극우파 정당이 득세했다. 극우 정치 세력은 이주자 집단을 경제 위기와 민족 정체성 해체 등 사회 불안의 원인으로 지목하고 이주자와 난민에 대한 적대적 여론을 조장해 자신들의 지지

율 상승에 이용해 왔다. 일부 국가의 극우 보수 정당은 나치식의 극우 인종주의 발언도 서슴지 않았다. 그 결과, 심각한 인도주의적 위기를 초래해 유럽 여러 나라의 국경이 막히고 감시가 강화됐다.

예컨대 벨기에는 프랑스 난민촌에서 난민이 유입되는 것을 막기 위해 프랑스 국경을 통제하고 검문검색을 실시했다. 헝가리는 세르비아와의 국경에 철조망을 쳤다. 두 나라는 제1차 세계대전 당시 100만 명 이상의 국민이 난민이 되어 유럽 각국을 떠돌았던 역사를 가졌다. 그런데 기억상실증이라도 걸린 것일까? 두 나라는 불과 1세기 만에 과거를 잊고 국경을 막아 난민들을 오갈 데 없는 사지로 내몰았다. 아시아인과 아프리카인이 각각 유럽으로 들어가는 경로 국가인 그리스와 이탈리아도 육로를 틀어막고 감시를 강화했다. 어쩔 수 없이 난민들은 배를 타고 바다를 건널 수밖에 없는데 인신매매 집단에게 이용당하거나 사고를 당해 죽는 사람들이 부지기수라는 보도가 잇따르고 있다. 겨우 유럽에 도착해도 난민 캠프에 갇혀 지내거나 난민으로 받아 줄 나라를 찾아 정처 없이 떠돌아야 한다.

아일란 쿠르디의 비극적 죽음을 목도하면서 국제 사회는 비난과 자성의 목소리를 쏟아 냈다. 사실 유럽은 지난 한 세기 동안 수백만 명의 난민을 받아들이고 보호해 왔다. 제1차 세계대전 당시에는 벨기에와 헝가리 난민이, 그리고 1917년 러시아 혁명으로 러시아 난민이 발생했다. 제2차 세계대전 전후로는 유대인과 독일인들이 고향에서 쫓겨나 난민으로 전락했다. 제2차 세계대전은 나치 독일과 파시스트 이탈리아와의 싸움이었기 때문에 전체주의의 박해와 위협을 피해 온 난민을 보호하는 것은 전쟁의 정당성과 직결된 중대한 의무였고 전후 유럽의 정체성을 구성하는 기둥이었다. 난민 보호는 유럽 민주국가의 도덕적·법적 의무였다.*

아일란 쿠르디의 싸늘한 시신이 발견돼 전 세계가 충격에 빠져 있을 때 난민들에게 가장 먼저 희망의 메시지를 던진 이는 독일의 앙겔라 메르켈 총리였다. 그는 용기 있는 결단을 내렸다. 일단 독일에 들어온 난민을 다른 국가로 돌려보내지 않고 난민 심사를 하겠다고 공표한 것이다. 1997년 발효된 '더블린 조약'에 따르면 유럽연합에 들어오는 난민들은 첫발을 디딘 나라에 난민 신청을 하고 해당 국가가 처리하는 것을 원칙으로 하고 있다. 하지만 메르켈은 더블린 조약을 깨고 헝가리에서 오스트리아를 거쳐 뮌헨으로 들어오는 난민을 조건 없이 수용했다. 이렇게 받아들인 난민이 2015년의 경우에만 80만~90만 명, 2016년의 경우 약 30만 명에 이른다. 2016년 난민 숫자가 급격히 줄어든 것은 시리아 등지의 난민을 터키가 수용하는 대신 유럽연합이 60억 유로 상당의 경제 지원을 약속함으로써

---

* "힘세진 유럽 극우파가 난민 막아 국력 따른 분담 수용만이 최선", 중앙SUNDAY, 2015.09.06.

성사된 결과다.

독일의 이와 같은 조치는 제2차 세계대전 당시 유대인을 포함해 수많은 난민을 발생시킨 과거사에 대한 반성과 특별한 책임감에서 비롯됐다고 할 수 있다. 또한 다른 한편 "난민 문제를 제대로 해결하지 못한다면 우리가 희망하는 유럽은 실패한 것"이라는 메르켈의 공언처럼 1세기에 걸친 난민에 대한 유럽 국가의 도덕적·법적 의무와 책임을 실현하는 것이었다. 독일은 난민에 대한 관용적인 정책을 통해 전범 국가라는 이미지를 희석시키고 유럽 내 최고의 경제 대국으로의 위상을 공고히 할 수 있었다.

메르켈의 용단에 주변국들 또한 호응했다. 난민 수용에 미온적이던 영국은 당시 수상인 데이비드 캐머런David Cameron이 1만 5,000명의 난민을 난민 캠프에서 직접 데려오겠다고 했고, 프랑스의 프랑수아 올랑드Francois Hollande 대통령 또한 독일에 동조해 난민을 유럽의 여러 국가가 분담 수용하자고 제안하기도 했다. 또한 핀란드의 총리이자 백만장자인 유하 시필레Juha Sipila 총리는 자신의 집을 난민들이 이용할 수 있도록 내놓겠다고 했다.

그럼에도 불구하고 독일을 비롯한 유럽 국가의 난민 정책은 여전히 위태롭고 불안하다. 테러가 난민에 대한 관용적 분위기를 급격히 후퇴시키는 결정적 빌미를 제공하고 있다. 2016년에 들어서만도 벨기에 브뤼셀 공항 자살 폭탄, 프랑스 남부 휴양도시 니스 및 독일 베를린에서의 트럭 테러 사건 등 유럽 전역에서 테러가 잇따랐다. 테러는 이슬람에 대한 문화적 공포를 낳고 이는 난민에 대한 싸늘한 냉대와 혐오로 이어져 반난민 정서를 고조시키고 있다. 사실 이슬람 급진주의자들이 자행하는 테러는 이슬람 사회 전체나 대다수의 난민과는 무관한 일이다. 하지만 '페기다PEGIDA'와 같은 독일의 일부 극우단체 등은 반무슬림, 반이민 운동을 통해 이슬람에 대한 비하와 차별, 혐오 등을 선동하고 폭력을 행사하고 있다. 또한 난민 일부를 안전이 보장되지 않는 곳으로 강제 추방했다.* 현대판 인종주의가 양산되고 있는 것이다.

서구는 근대 이후 인권의 보편성이라는 이념을 토대로 근대 민주주의를 발전시켜 왔다. 인권 차원에서 보면 다수의 난민은 최소한의 인간적 존엄성이 보장될 수 있도록 보호되고 환대받아야 한다. 특히 제2차 세계대전이 끝난 뒤 만들어진 세계인권선언 제14조는 "모든 사람은 박해를 피해 다른 나라에 피난처를 구하고 그곳에 망명할 권리가 있다"고 선언했다. 제2차 세계대전 당시 나치 정권을 피해 난민이 된 사람들을 제대로 보호하지 못했다는 반성에서 연유한 조항이다. 하지만 일부 난민 출신에 의한 테러가 발생하면서 난민을 바라보는 유럽 사회의 시선은 심하게 분열되고 있다. 인권의 정치는 난관에 봉착했

* "극우파 '난민이 문제' 공세 시험대 오른 독일 난민 정책", 시사저널, 1420호.

다. 급기야 영국은 브렉시트를 선택했고, 난민의 엄마로 불리던 메르켈은 4연임 도전에 상당한 압박을 받고 있다. 독일 내 극우파들은 난민에 대한 혐오 선동을 끊임없이 부추기고 있고, 다른 한편 극우파를 반대하는 시민들은 맞불 집회를 통해 생명과 존엄성을 경시하는 극우파를 비판하고 있다. 이를 보는 민심은 불안감을 감추지 못한 채 흔들리고 있다.

그런데 난민 때문에 유럽연합 국가들이 혼란을 겪고 있다고 하지만 전 지구적 차원에서 보면 이는 과장된 측면이 없지 않다. 국제구호단체인 옥스팜Oxfam International이 발표한 「부자 나라들의 빈약한 환영」이라는 보고서를 보면 난민들에게 피난처와 먹거리, 일자리 등을 제공할 책임이 가난한 나라에 쏠려 있다는 것이다.* 세계 난민의 절반인 약 1,200만 명은 요르단, 터키, 팔레스타인, 파키스탄, 레바논, 남아프리카공화국 등 6개국에 몰려 있다. 난민이 쏟아져 나오는 이라크, 시리아, 짐바브웨 등의 국가와 인접해 있기 때문이다. 이들 6개국이 세계 총생산GDP에서 차지하는 비중은 2퍼센트도 안 되는데 이들 가난한 나라 6개국이 전 세계 난민의 절반을 부담하고 있는 것이다. 반면 미국, 중국, 일본, 독일, 프랑스, 영국 등 경제 규모 상위 6개국이 세계 총생산에서 차지하는 비율은 무려 56.6퍼센트나 되는데 이들 국가가 받아들인 세계 난민은 전체의 8.9퍼센트인

---

* "부자 6개국 난민 수용 찔끔 … 난민 91퍼센트는 빈곤국 몫", 한겨레, 2016.07.18.

212만 명에 불과하다. 국가별로 따져 보면 미국(10퍼센트), 프랑스(7퍼센트), 네덜란드(8퍼센트), 벨기에(13퍼센트) 등이 경제 규모 대비, 수용해야 할 수의 10분의 1 정도 밖에 안 되는 난민을 받아들이고 있다. 스위스(14퍼센트), 영국(22퍼센트), 오스트리아(37퍼센트) 등이 조금 나은 정도이고, 경제 규모에 비례해 공정한 몫을 담당하거나 보다 관용적인 나라는 독일(118퍼센트), 호주(95퍼센트), 노르웨이(144퍼센트), 캐나다(248퍼센트)뿐이다. 경제 대국이자 국제 정치의 중심에 있는 일본과 러시아는 수치상 0퍼센트로 나타나 난민과 관련해 거의 역할을 하지 않는 국가로 비난을 사고 있는데 부끄럽게도 한국 또한 0퍼센트 국가 리스트의 한자리를 차지하고 있다.

한마디로 말해, 부자 국가들의 난민 수용은 터키나 요르단 등의 국가에 비해 매우 알량한 수준으로, 공정한 몫을 담당하고 있다고 보기 어렵다. 난민을 부담스럽게 여기는 유럽 국가들의 태도를 이해하지 못하는 바는 아니지만 난민을 모든 문제의 원인으로 보고 차별과 혐오의 표적으로 삼는 극우파들의 득세에 대해서는 우려하지 않을 수 없다.

난민에 대한 배제와 통제는 프랑스 대혁명 이후 유럽 국가들이 추구해 온 자유와 평등, 연대라는 인권과 민주주의적 가치에 대한 심각한 도전이다. 동시에 모든 영역에서의 통합이라는 유럽연합의 정신과 인간다운 사회를 지향하는 유럽의 정체성을 해치는 일이기도 하다. 재독 철학자 한병철은 "오늘날의 난민 위기는 유럽연합이 이기적 목적을 좇는 경제적 상업 연합에 지나지 않음을 폭로한다"(한병철, 2017)며 날카로운 비판을 서슴지 않는다. 오늘날 난민 문제에 대한 해결은 유럽연합의 성공과 실패를 가르는 시금석이 되고 있다.

누구든 언제든 난민이 될 수 있다

인생을 살아가면서 자신이 뜻하는 대로 일이 되는 경우는 사실 그리 많지 않다. 생각지도 못한 일을 갑작스레 만나 망연자실하거나 불행을 한탄하며 예상치 못한 행로를 따라 살아가기도 한다. 크고 작은 불운에 울고 웃으면서 불편함을 견디고 불안함을 다독이지만 스스로의 힘으로 어쩔 수 없을 경우는 운명이라 여기고 받아들일 수밖에 없는 것이 또한 인간의 삶이다.

한국 땅을 찾아온 난민 여성들 또한 어느 누구도 난민으로 살겠다고 작정하고 난민이 된 경우는 없다. 인종이 다르다는 이유로, 종교가 다르다는 이유로, 갑작스런 전쟁과 민족적 분쟁으로 어느 날 갑자기 고향 땅에서 쫓겨난 것과 다름없다. 난민 여성의 경우는 여성이라는 이유만으로 할례나 조기 결혼, 성폭력과 같은 끔찍한 폭력을 피해 정처 없는 방황을 하기도 한다.

매우 개인적인 운명처럼 보이지만 사실은 난민으로 살게 된 특별한 사연은, 마치 모세혈관이 종국에는 심혈관에 연결되어 있는 것처럼, 보편적인 세계사의 맥락과 맞닿아 있다. 서구 제국주의의 식민지 침탈과 이후 피식민지 국가의 독립, 이 과정에서의 정치적 혼란과 심각한 인권유린, 민족 분쟁 및 종교적 갈등, 내전과 인종 청소, 경제적 불평등과 극한 빈곤, 대규모 개발과 자연재해, 그리고 여성의 경우 가부장제로 인한 여성 지배와 성폭력 등이 개인의 삶을 기초부터 뒤흔든 것이다. 누군들 이 같은 역사의 거센 파도가 밀어닥칠 때 피해 갈 수 있겠는가? 사람은 누구나 나름의 방식대로 역사의 현장을 살아간다. 개개인의 인생의 무게와 깊이에는 도도한 역사의 강물이 근저에 흐르고 있는 것이다.

난민은 전 지구적 차원에서 발생하고 있으며 노동의 이동이 유연화하면서 지역을 불문하고 전 세계로 확산되고 있다. 한반도 또한 핵전쟁의 위협이나, 쓰나미·지진과 같은 자연재해, 그리고 핵발전소 사고 등으로부터 안전하다고 장담할 수 없다. 더구나 전쟁으로 수백만 명의 국내 실향민이 발생하고 유엔을 비롯한 각국으로부터 도움을 받았던 때가 불과 70년도 채 되지 않는다. 알고 보면 누구든 언제든 난민이 될 수 있다. 한반도에 살고 있는 사람들 또한 예외일 수 없다.

앞서 말한 것처럼, 난민은 국가의 보호를 받지 못하는 사람들이다. 인간으로서의 존엄성을 유지하며 살기 위해서는 필수적으로 최소한의 인권이 보장되어야 한다. 난민 또한 자유와 평등이라는 보편적 인권이 보장되고 보호받아야 할 동등한 존재이다. 그렇다면 이들의 존엄성과 인권은 누가 보장해 줄 것인가?

인권 개념이 형성되어 온 역사적 연원을 따라가 보면 인권이란 자신의 권리를 적극적으로 주장한 것이라기보다 타인의 권리를 지켜 주는 의무의 관점에서 비롯되었다고 한다(안경환, 2009). 도움을 필요로 하거나 고통당하고 있는 타인에 대한 인간적 책임에서 권리라는 개념이 형성돼 왔다는 것이다. 인권Human rights이란 용어를 처음으로 사용한 토마스 페인Thomas Paine은 "권리의 선언은 동시에 의무의 선언이다. 나의 권리는 타인의 권리이기도 하다"고 선언했다(페인, 2004).

이 같은 관점에서 보자면 국가의 경계 밖으로 내쫓긴 사람들에 대한 관심과 책임은 인류 공동체가 연대라는 인권 가치의 실현을 통해 해결할 수밖에 없다. 1951년 제정된 난민협약과 1967년의 난민협약 의정서는 유엔을 중심으로 국제적 차원에서 시도된 노력의 일환이라 할 수 있다. 난민협약은 협약 가입국이 난민의 존엄성과 안전을 보장해 주어야 하는 국제법적 의무가 있다는 것을 명시하고 있다. 인종차별철폐협약 또한 법 앞의 동등한 보호를 보장할 뿐 아니라 적절한 주거권의 향유, 최소 생활 기준을 담보하는 사회적 서비스에 대한 접근 등을 보장하라고 명시하고 있다. 따라서 국제인권법 가입국은 의무적으로 난민의 인권을 보장해야 한다. 선택 사항이 아니라는 뜻이다. 난민협약 가입국이자 자체적으로 난민법을 제정해 시행하고 있는 한국 또한 예외일 수 없다. 난민에게 존엄한 삶을 보장하는 것은 지구촌 국가가 함께 걸머져야 할 사명이다.

최근 들어 미국이나 유럽 국가가 난민에 대해 인색하게 굴고 있다고는 하지만 다른 한편 인류애 차원에서 난민을 환대하고 함께하려는 노력을 보이는 경우도 적지 않다. 아일란 쿠르디의 안타까운 죽음이 알려진 뒤 캐나다는 2015년 말 시리아 난민 160여 명을 받아들였는데 이들을 돕겠다고 나선 캐나다인이 수천 명에 달했다고 한다.* 트럼프의 반이민 행정명령 발표 직후, 미국 신시내티시는 "지금부터 신시내티는 성소도시Sanctuary City"라고 선언하고 "우리 도시는 이민자와 무슬림, 그리고 자유롭게 숨쉬기를 갈망하는 시리아 난민들과 함께할 것"이라고 공포했다. 신시내티와 같은 성소도시는 시카고, LA, 뉴욕 등 미국 내에 40여 개가 된다.** 미국의 여러 기업들도 즉각 트럼프의 행정명령에 반발하면서 이민자와 난민을 돕겠다고 나섰다. 미국의 대표적인 정보통신IT 기업인 구글은 공동 창업자를 비롯, 직원들이 트럼프의 행정명령을 지지하지 않는다는 시위를 벌이고 유엔난민기구와 난민단체에 46억여 원이라는 거액을 기부했다. 온라인 상거래 업체인 아마존 닷컴, 차량 공유 서비스

* "살려고 떠도는 사람들, 인류애로 포용", 조선닷컴, 2016.07.06.
** "트럼프에 맞서 이민자 지키는 '성소도시'들", 경향신문, 2017.02.01.

업체인 우버, 온라인 여행업체인 익스피디아 등은 트럼프의 행정명령으로 미국 입국이 막힌 이슬람 7개국 출신 직원과 그 가족에게 소송 비용 지원을 즉각 약속했다.*

환대와 연대가 필요하다

프랑스의 철학자 자크 데리다Jacques Derrida는 이방인을 대할 때 "집을 개방하고, 그에게 장소를 주며, 그를 오직 내버려두고, (중략) 그러면서도 상호성을 요구하지도 말고, 그의 이름조차도 묻지 말 것"(데리다, 2004)을 제안한다. 초대하지 않은 이방인이라 할지라도 무조건적으로 환대하라는 것이다. 현실에서는 도저히 실현 불가능해 보이는 이 절대적 환대는 소설의 한 대목을 떠올리게 한다. 빅토르 위고의 『레미제라블』에서 미리엘 주교는 부랑아처럼 보이는 장발장을 아무 거리낌 없이 맞아들인다. 주교의 환대를 받고 의아해하는 장발장에게 미리엘 주교가 다음과 같이 말한다(위고, 2012).

> "당신은 당신이 누구인지를 내게 말하지 않아도 좋소. … 이 집의 문은 들어오는 사람에게 이름을 묻지 않고, 그에게 고통이 있는가 없는가를 물을 뿐이오. 당신은 고통받고 굶주리고 목마른 사람이므로, 잘 오셨소. 그리고 내게 감사하지 말고, 내가 당

* "시민에서 기업으로 번지는 '반트럼프'", 한겨레, 2017.02.01.

신을 내 집에 맞아들였다고 말하지도 마시오. 여기는 피난처를 필요로 하는 사람 외에는 아무에게도 자기 집이 아니오. … 여기는 나의 집이라기보다는 당신의 집이오. 여기 있는 것은 모두 당신 것이오. 어찌 내가 당신 이름을 알 필요가 있겠소?"

하지만 소설은 소설일 뿐, 보통 사람이라면 아무리 개방적이고 관용적일지라도 이방인에게 아무 질문 없이 문을 열고 장소를 제공하지는 않는다. 이에 대해 문화인류학자 김현경은 절대적 환대를 사적 공간의 개방이 아니라 공공성의 창출로 해석할 경우 이는 필요한 일이며 또한 가능한 일이라고 주장한다. 즉 "자기 집 문을 두드리는 모든 사람을 먹여 주고 재워 주는 것은 불가능하지만 한 사회가 그 사회에 도착한 모든 낯선 존재들을 조건 없이 환대하는 것은 가능하다"는 것이다(김현경, 2015). 고국 땅에서 쫓겨난 난민에게 국가나 사회가 도움의 손길을 내밀고, 그들을 인정하고, 사회 안에 그들의 자리를 내주며 환대하는 일은 공공의 노력을 통해 실현가능하며 또 실천해야 할 일이라는 말이다. 아이들이 소꿉놀이를 할 때도 상대방이 아무것도 갖고 있지 않으면 아무리 욕심 많은 아이일지라도 기꺼이 장난감을 나누어 준다(김현경, 2015). 혼자서 하는 소꿉놀이는 재미가 없을 뿐더러 소꿉놀이 자체를 할 수 없기 때문이다. 하물며 함께 살아가는 인간 세상에서 최소한의 인간적 존엄을 보장받지 못하는 사람이 있다면 그건 당연히 사회가 함께 돌봐야

"이 집의 문은 들어오는 사람에게 이름을 묻지 않고,

그에게 고통이 있는가 없는가를 물을 뿐이오.

당신은 고통받고 굶주리고 목마른 사람이므로, 잘 오셨소.

그리고 내게 감사하지 말고,

내가 당신을 내 집에 맞아들였다고 말하지도 마시오.

여기는 피난처를 필요로 하는 사람 외에는 아무에게도 자기 집이 아니오."

–『레미제라블』에서 미리엘 주교

할 일이다.

사람은 사회 속에서 더불어 살아가는 존재다. 서로 기대고 있는 모습을 형상화한 사람 '인人' 자는 사람들이 의지하면서 함께 살아야 한다는 뜻으로 풀이할 수 있다. 일찍이 13세기 페르시아의 시인 사아디Sádi Muslah al-Dín는 『장미정원Gulistan』에서 "손가락의 한 부분이 고통을 겪으면, 다른 부분도 평안할 수 없다. 타인의 역경에 대해 어떤 측은지심도 가지지 않는다면 그대는 정녕 인간이라는 이름으로 불릴 자격이 있는가"라고 했다. 인간이 타인의 고통을 외면하지 않고 공감하고 돕는 것은 인간이 함께 살아갈 수밖에 없는 사회적 존재이기 때문이다. 내가 행복하려면 함께 살아가는 이웃도 행복해야 한다. 인간의 존엄은 공동체가 함께 협력하고 지킬 때 보장되는 것이다.

남아프리카공화국의 반인종차별주의 운동의 투사이자 초대 헌법재판을 지낸 알비 삭스Albie Sachs는 "노숙인이 거리를 헤맬 때 노숙인의 존엄성만 훼손되는 것이 아니라, 사회 전체가 다 함께 비참해진다"(삭스, 2012)고 했다. 나의 존엄성이 존중되고 보장받으려면 타인의 존엄성 또한 존중하고 보장해야 한다. 앞의 철학자들의 주장이 자칫 사변적이고 당장 실천하기 어려워 보이지만 난민 시대를 살아가는 우리가 함께 곱씹어 볼 필요가 있는 이유는 사람이 사회적 존재이기 때문이다.

이 책에서 소개된 난민 여성의 경우, 도움을 주는 한국인을 만나거나 자족적인 공동체에 소속되어 있을 때 고립된 이들보다 상대적으로 삶을 잘 꾸려 가고 있었다. 미얀마의 소수 민족인 친족 출신 모녀 소피아와 캐롤라인은 공고한 결속력을 갖는 친족 공동체의 구심점으로서 서로 도움을 주고받으며 삶의 안정성을 확보해 가고 있었다. 또한 콩고 출신의 미야 씨는 한국인 난민 활동가와의 긴밀한 만남을 통해 난민이 처한 역경을 씩씩하게 헤쳐 나가고 있었다. 미야 씨는 난민단체에서 실시하는 문화적 활동을 통해 트라우마를 치유하고 다른 한편 콩고와 아프리카의 문화를 한국 사회에 전파하는 일에 힘을 쏟으면서 사회적 자리를 확보해 가고 있었다. 미야 씨의 안정된 삶에는 음식과 문화와 마음을 나눈 친구 같은 한국인 난민단체 활동가의 역할이 컸다고 평가할 수 있다. 이 책에 소개된 나머지 다른 난민 여성들의 경우도 한국 난민단체의 도움을 직간접적으로 받고 있었다. 대부분 난민인정 심사 과정에서의 법률적 지원뿐 아니라 긴급한 의료 서비스나 한국어 강습 등의 도움을 받으며 겨우 삶을 꾸려 가고 있었다. 데리다가 말하는 절대적 환대에 미치지는 못하지만 난민단체와 일부의 작은 환대와 연대가 없었다면 난민 여성들의 고단한 삶은 이마저도 지탱하기 어려웠을 것이다.

그런데 조금만 더 생각해 보면 환대가 단지 이방인에게 일방적으로 베푸는 것만이 아니라는 것을 깨달을 수 있다. 난민의 삶을 이해하고 공감하는 가운데 인간의 삶이 얼마나 복잡다단하고 예측 불가능하며 불완전한가를 성찰하고 깨달을 수 있다.

그러면서 주어진 현실에서 삶의 주체로서의 무게중심을 잃지 않고 인생의 밝고 어두운 면을 동시에 아우르다 보면 인간에 대한 이해가 깊어지고 넓어질 것이다. 또한 난민이 발생할 수밖에 없는 세계사적 흐름에 대한 통찰까지 얻게 된다면 자신의 삶을 구성하는 객관적 조건을 인식하고 삶의 방향타를 잡을 때도 도움이 되지 않을까. 나아가 나라 사이에 국경선을 긋고 인권보장과 인간의 존엄에 차등을 두는 시민권의 개념에 문제의식을 갖게 된다면 세계 시민으로서의 정체성으로까지 나아가는 인식의 확장을 경험할 수도 있을 것이다.

미국의 교육 지도자이자 사회운동가인 파커 파머Parker Pamer는 "낯선 사람에게 환대를 베풀기 위해서는 두려움과 긴장을 풀기 위해 마음을 열어야 하는데 그때 부서져 열리는 마음에 창조적 가능성이 함께 자랄 것"(파머, 2012)이라고 했다. 난민들의 문화를 서로 배우고 나누며 소통과 공감과 연대를 경험한다면 그것은 예기치 않은 손님이 가지고 온 소중한 선물일 것이다.

한반도만 벗어나면 한국인 누구나 이방인이 된다. 게다가 굴곡 없는 인생을 사는 사람은 없다. 가라앉는 배 안에서 잠시 물을 퍼낼 수는 있어도 스스로 구조할 수는 없다. 위험을 피해 한국 땅에 도착한 난민은 위험한 고비를 뚫고 한국 땅을 찾아온 용기 있는 사람들이다. 이들 또한 존엄성을 잃지 않고 인간답게 살 수 있도록 최소한의 인권은 반드시 보장되어야 한다. 난민들에게 작은 환대를 베풀고 연대하는 것은 동시대를 함께 살아가는 사람들과 국가의 책무다. 이제는 한국인도 자유와 존엄을 보장받지 못하는 세계인에게 손을 내밀고 함께할 때가 되고도 남았다.

❖ 참고문헌

⊙ 김동현, 2004, 요르단 이라크 시리아는 한국차 삼각지대, 대한무역투자진흥공사.

⊙ 김현경, 2015, 『사람, 장소, 환대』, 문학과지성사.

⊙ 김현미 외, 2010, 한국체류난민 등의 실태조사 및 사회적 처우 개선을 위한 정책 방안, 법무부.

⊙ 김현미, 2014, 『우리는 모두 집을 떠난다』, 돌베개.

⊙ 난민인권센터, 2010, 난민을 위한 심리상담 및 실태조사.

⊙ 난민지원네트워크 외, 2016, 공항에서의 난민신청 실태조사 보고서.

⊙ 데리다, 자크(Jacques Derrida), 2004, 『환대에 대하여』, 남수인 옮김, 동문선.

⊙ 도종환, 2012, 『담쟁이』, 시인생각.

⊙ 디리, 와리스(Waris Dirie), 2005, 『사막의 꽃』, 이다희 옮김, 섬앤섬.

⊙ 디리, 와리스(Waris Dirie), 2007, 『사막의 새벽』, 문영혜 옮김, 섬앤섬.

⊙ 모알리, 베흐야트(Behjat Moaali), 2004, 『차도르를 벗겨라』, 이승은 옮김, 생각의나무.

⊙ 바우만, 지그문트(Zygmunt Bauman), 2008, 『쓰레기가 되는 삶들』, 정일준 옮김, 새물결.

⊙ 바우만, 지그문크(Zygmunt Bauman), 2010, 『모두스 비벤디』, 한상석 옮김, 후마니타스.

⊙ 비에리, 페터(Peter Bieri), 2014, 『삶의 격: 존엄성을 지키며 살아가는 방법』, 은행나무.

⊙ 삭스, 알비(Albie Sachs), 2012, 『블루 드레스』, 김신 옮김, 일월서각.

⊙ 세이브더칠드런, 2013, 이주배경 아동의 출생등록.

⊙ 송영훈, 2016, 난민법 개정의 쟁점과 해외 입법 사례, 법무부·유엔난민기구 주최, 난민법 시행 3주년 기념 학술포럼.

⊙ 송효진 외, 2015, 한국 체류 난민 여성의 인권 실태에 관한 연구, 여성정책연구원.

⊙ 아감벤, 조르조(Giorgio Agamben), 2008, 『호모 사케르』, 박진우 옮김, 새물결.

⊙ 아렌트, 한나(Hannah Arendt), 2006, 『전체주의의 기원1』, 이진우·박미애 옮김, 한길사.

⊙ 아렌트, 한나(Hannah Arendt), 2006, 『전체주의의 기원2』, 이진우·박미애 옮김, 한길사.

⊙ 안경환, 2009, 『법과 사회와 인권』, 돌베개.

⊙ 알렉시예비치, 스베틀라나(Svetlana Alexievich), 2015, 『전쟁은 여자의 얼굴을 하지 않았다』, 박은정 옮김, 문학동네.

⊙ 에바디, 시린(Shirin Ebadi), 2006, 『히잡을 벗고, 나는 평화를 선택했다』, 황지현 옮김, 황금나침반.

⊙ 오프, 캐럴(Carol Off), 2011, 『나쁜 초콜릿』, 배현 옮김, 알마.

⊙ 와카쿠와 미도리, 2007, 『사람은 왜 전쟁을 하는가』, 김원식 옮김, 알마.

⊙ 위고, 빅토르(Victor Hugo), 2012, 『레 미제라블1』, 정기수 옮김, 민음사.

⊙ 유만찬·김진경, 2013, 『갖고 싶은 세계의 인형』, 바다출판사.

⊙ 유엔난민기구·국제의회연맹, 2001, 『난민보호: 국제난민법 이해』, 국제의회연맹.

⊙ 이기라 외, 2007, 『공존의 기술』, 그린비.

⊙ 이슬람국제출판국 편저, 1988, 『코란』.

⊙ 이지선, 2007, 「어디에도 (속해) 있지 않은, 어디에나 (속할 수) 있는 - 히잡 문제를 통해 본 프랑스 이방인 여성의 존재론」, 이기라 외, 『공존의 기술』, 그린비.

⊙ 이호택 외, 2009, 난민신청자에 대한 각국의 지원시설과 사회통합제도 연구, 법무부.

⊙ 이호택 · 조명숙, 2010, 『여기가 당신의 피난처입니다』, 창비.
⊙ 이희수·이원삼, 2008, 『이슬람』, 청아출판사.
⊙ 정수일, 2002, 『이슬람 문명』, 창작과비평사.
⊙ 정인섭, 2011, 「한국의 난민 수용 실행과 문제점」, 정인섭·황필규 편저, 『난민의 개념과 인정 절차』, 경인문화사.
⊙ 주진열, 2011, 「난민지위협약상 박해의 의미」, 정인섭·황필규 편저, 『난민의 개념과 인정 절차』, 경인문화사.
⊙ 차규근, 2016, 「난민의 인정과 처우」, 이철우 외, 『이민법』, 박영사.
⊙ 최원근, 2009, 국제난민레짐의 형성과 변화에 관한 연구: 국민국가의 합리적 선택을 중심으로, 한국외국어대학교 대학원 정치외교학과 석사학위논문.
⊙ 코번, 신시아(Cynthia Cockburn), 2009, 『여성, 총 앞에 서다』, 김엘리 옮김, 삼인.
⊙ 토나, 욤비(Yiombi Thona)·박진숙, 2013, 『내 이름은 욤비』, 이후.
⊙ 파머, 파커(Parker Palmer), 2012, 『비통한 자들을 위한 정치학』, 김찬호 옮김, 글항아리.
⊙ 페인, 토마스(Thomas Paine), 2004, 『상식, 인권』, 박홍규 옮김, 필맥.
⊙ 피난처, 2015, 국내 인도적 체류 허가 난민의 실태조사 보고서.
⊙ 한병철, 2017, 『타자의 추방』, 문학과지성사.
⊙ 허먼, 주디스(Judith Hermann), 2007, 『트라우마: 가정폭력에서 정치적 테러까지』, 최현정 옮김, 플래닛.
⊙ UNHCR, 1989, TRAINING MODULE, RLD 2, 『Determination of Refugee Status』.
⊙ UNHCR, 2016, Global Trends Forced Displacement in 2015.

마이너리티 리포트 ★ 01

우리 곁의 난민

한국의 난민 여성 이야기

지은이 문경란

초판 1쇄 발행 2017년 6월 12일
초판 5쇄 발행 2023년 1월 10일

펴낸이 박형수
펴낸곳 서울연구원
편집 전말숙, 송도숙
디자인 박진범

주소 서울시 서초구 남부순환로 340길 57
전화 02-2149-1234
팩스 02-2149-1019
홈페이지 www.si.re.kr

ISBN 979-11-5700-212-2 04300 (세트) 979-11-5700-211-5